Gabele / Liebel / Oechsler · Führungsgrundsätze und Mitarbeiterführung

Gabele / Liebel / Oechsler

Führungsgrundsätze und Mitarbeiterführung

Führungsprobleme erkennen und lösen

GABLER

Die Deutsche Bibliothek – CIP-Einheitsaufnahme

Gabele, Eduard:
Führungsgrundsätze und Mitarbeiterführung :
Führungsprobleme erkennen und lösen / Gabele ; Liebel ;
Oechsler. - Wiesbaden : Gabler, 1992

NE: Liebel, Hermann J.:; Oechsler, Walter A.:

Der Gabler Verlag ist ein Unternehmen der Verlagsgruppe Bertelsmann International.
© Betriebswirtschaftlicher Verlag Dr. Th. Gabler GmbH, Wiesbaden 1992
Lektorat: Ulrike M. Vetter

Höchste inhaltliche und technische Qualität unserer Produkte ist unser Ziel. Bei der Produktion und Verbreitung unserer Bücher wollen wir die Umwelt schonen: Dieses Buch ist auf säurefreiem und chlorfrei gebleichtem Papier gedruckt. Die Einschweißfolie besteht aus Polyäthylen und damit aus organischen Grundstoffen, die weder bei der Herstellung noch bei der Verbrennung Schadstoffe freisetzen.

Die Wiedergabe von Gebrauchsnamen, Handelsnamen, Warenbezeichnungen usw. in diesem Werk berechtigt auch ohne besondere Kennzeichnung nicht zu der Annahme, daß solche Namen im Sinne der Warenzeichen- und Markenschutz-Gesetzgebung als frei zu betrachten wären und daher von jedermann benutzt werden dürften.

ISBN-13: 978-3-409-19168-5   e-ISBN-13: 978-3-322-87114-5
DOI: 10.1007/978-3-322-87114-5

Vorwort

Führung ist eines der Probleme, die Wissenschaft und Praxis seit jeher beschäftigen. Die Problemkreise der Führung reichen dabei von den wertmäßigen Führungsgrundlagen in Unternehmen und Verwaltungen über die Einführung von Systemen der Organisation und Führung bis zur unmittelbaren zwischenmenschlichen Einwirkung im Rahmen des Führer-Geführten-Verhältnisses. In diesem weiten Problemspektrum treten jeweils unterschiedliche Führungsprobleme auf, wie z.B. das Schaffen einer einheitlichen Unternehmenskultur durch die Einführung von Führungsgrundsätzen, die Auswahl eines geeigneten Führungssystems und die psychologische Einwirkung bei Motivations- und Kooperationsproblemen.

Im vorliegenden Band wird eine Bestandsaufnahme zu den Führungsproblemen in diesem weiten Problemspektrum unternommen. Wirtschafts- und Verwaltungspraktiker sowie Studierende werden prägnant informiert, welche theoretischen und praktischen Ansätze in dem aufgezeigten Spektrum der Führungsproblematik vorzufinden sind.

Ausgangspunkt ist der Bereich der wertmäßigen Führung von Unternehmen und Verwaltungen durch Führungsgrundsätze, in denen das gesellschaftliche Selbstverständnis von Unternehmen und Verwaltungen zum Ausdruck kommt. Diese Aspekte werden in dem Beitrag von E. Gabele "Führungs- und Unternehmensgrundsätze - Ein Spiegelbild innerbetrieblicher und gesellschaftlicher Entwicklungen" dargestellt. Im Mittelpunkt des zweiten Beitrags von W.A. Oechsler "Systeme der Organisation und Führung" stehen theoretische Ansätze zur Auswahl bestimmter Organisations- und Führungsmodelle. Dabei wird der Beitrag dieser Ansätze für das konkrete Entscheidungsproblem der Wahl eines Organisations- und Führungsmodells kritisch gewürdigt.

Schließlich werden im Beitrag von H.J. Liebel "Psychologie der Mitarbeiterführung - Aspekte, Ergebnisse und Perspektiven sozialer Interaktion" Formen zwischenmenschlicher Beeinflussung behandelt. Im Vordergrund stehen dabei Fragen des Führungsverhaltens und der Führungsschulung.

Die drei Beiträge beschäftigen sich somit mit allen wesentlichen Bereichen der Führung, nämlich Unternehmensführung und Menschenführung. Die kritische Bestandsaufnahme soll Orientierungshilfen geben, praktische Probleme der Führung unter Heranziehung wissenschaftlicher Erkenntnisse systematisch zu lösen.

Die Bearbeitung der Führungsproblematik in diesem umfassenden Problembezug war nur möglich durch die Zusammenarbeit von Autoren aus der Betriebswirtschaftslehre und der Organisationspsychologie. Hierin kommt auch zum Ausdruck, daß die komplexen Führungsprobleme der Praxis heute und künftig nur durch multidisziplinäre Ansätze adäquat behandelt werden können.

Bamberg, im Dezember 1991

Eduard Gabele
Hermann J. Liebel
Walter A. Oechsler

Inhaltsverzeichnis

Eduard Gabele

Führungs- und Unternehmensgrundsätze
– Ein Spiegelbild innerbetrieblicher und gesellschaftlicher Entwicklungen –

Seite

1. Moral oder Geschäft? 15

2. Gründe für die Formulierung von Führungs- und Unternehmens-
    grundsätzen 18

3. Inhalte von Führungs- und Unternehmensgrundsätzen 23

    3.1 Adressatenspezifische Inhalte von Führungs- und Unternehmens-
         grundsätzen 23

    3.2 Allgemein-geschäftspolitische Inhalte von Führungs- und
         Unternehmensgrundsätzen 29

4. Verbreitung von Führungs- und Unternehmensgrundsätzen 37

    4.1 Ausgewählte empirische Forschungsergebnisse 37

    4.2 Erste Schlußfolgerungen aus den empirischen und theoretischen
         Forschungsbemühungen 42

5. Leistungsfähigkeit von Führungs- und Unternehmensgrundsätzen 44

    5.1 Chancen von Führungs- und Unternehmensgrundsätzen 44

    5.2 Gefahren von Führungs- und Unternehmensgrundsätzen 46

    5.3 Anforderungen an leistungsfähige Führungs- und Unternehmens-
         grundsätze 50

6. Führungs- und Unternehmensgrundsätze:
    Hilfestellung bei der Bewältigung innerbetrieblicher und gesell-
    schaftlicher Entwicklungen 52

Literaturverzeichnis 53

Inhaltsverzeichnis
Walter A. Oechsler

Systeme der Organisation und Führung

Seite

1. Organisation und Führung im Prozeß der Unternehmensentwicklung 61

2. Erklärungsansätze zu Organisation und Führung im
   Unternehmen 65

   2.1 Organisations- und Führungsmodelle aus der Sicht des
       Kontingenzansatzes: "Fit" zwischen Organisation und Umwelt 65

       2.1.1 Fallbeispiel: Organisationsmodelle eines expandierenden
             Unternehmens 65

       2.1.2 Exkurs: Stärken und Schwächen von Organisationsmodellen 73

   2.2 Führungsmodelle aus der Sicht des Konsistenzansatzes:
       der kulturvermittelnde "Königsweg" des internen "Fit" 85

   2.3 Führung aus der Sicht des mikropolitischen Ansatzes:
       "Arenen der Irrationalität"? 93

   2.4 Organisation und Führung aus der Sicht des Systemansatzes:
       Evolution durch Selbstorganisation? 96

3. Gestaltungsimplikationen für die Unternehmenspraxis 100

Literaturverzeichnis 105

Inhaltsverzeichnis
Hermann J. Liebel

Psychologie der Mitarbeiterführung
– Aspekte, Ergebnisse und Perspektiven sozialer Interaktion –

		Seite
1.	Die Arbeitswelt als Feld sozialer Beeinflussung	109
2.	Ansätze und Ergebnisse psychologischer Führungsforschung	112
	2.1 Der Eigenschaftsansatz	112
	2.2 Verhaltenstheoretische Ansätze	113
	2.2.1 Die klassischen Führungsstile	113
	2.2.2 Zwei-Faktoren-Modelle	117
	2.2.3 Das Verhaltensgitter (Managerial Grid)	122
	2.2.4 Mehr-Faktoren-Modelle	130
	2.3 Der Situationsansatz von Fiedler	132
	2.4 Interaktionsansätze	136
3.	Motivieren durch Kooperation	138
	3.1 Motivieren durch Kooperation – Konzept oder Dilemma?	138
	3.1.1 Motivation in Theorie und Praxis	138
	3.1.2 Kooperation in Theorie und Praxis	144
	3.2 Motivieren von Organisationen durch Kooperation	147
	3.3 Motivieren von Gruppen durch Kooperation	151
	3.4 Motivieren von Individuen durch Kooperation	152
4.	Verhaltensmodifikation am Arbeitsplatz	154
	4.1 Klassische Verhaltensmodifikation	154
	4.2 Das Selbstbewertungskonzept	155
	4.3 Die Handlungsstrategie	156
5.	Konsequenzen für das eigene Handeln	159
	Literaturverzeichnis	162
	Glossar	165

Eduard Gabele

Führungs- und Unternehmensgrundsätze
- Ein Spiegelbild innerbetrieblicher und gesellschaftlicher Entwicklungen -

1.   Moral oder Geschäft?

2.   Gründe für die Formulierung von Führungs- und Unternehmens-
     grundsätzen

3.   Inhalte von Führungs- und Unternehmensgrundsätzen

4.   Verbreitung von Führungs- und Unternehmensgrundsätzen

5.   Leistungsfähigkeit von Führungs- und Unternehmensgrundsätzen

6.   Führungs- und Unternehmensgrundsätze:
     Hilfestellung bei der Bewältigung innerbetrieblicher und gesell-
     schaftlicher Entwicklungen

Seit der Erstveröffentlichung und der nun 3., vollständig überarbeiteten Auflage der vorliegenden Arbeit sind nahezu zehn Jahre vergangen (vgl. Gabele, 1982a). Diese Zeitspanne läßt es gerechtfertigt erscheinen, die damals vorgestellten - empirisch untermauerten - Aussagen zu Führungs- und Unternehmensgrundsätzen auf ihre Aktualität hin neu zu bewerten, zu überprüfen und gegebenenfalls im Lichte jüngerer Forschungsergebnisse zu erweitern. Für die hierbei gewährte Unterstützung sei Herrn Dipl.-Kfm. Ferdinand Froning gedankt.

Das Thema selbst - das kann an dieser Stelle schon als generelles Ergebnis festgehalten werden - hat von seiner Aktualität nichts eingebüßt. Die zahlreichen Veröffentlichungen legen es nahe, daß sowohl die betriebswirtschaftliche (Führungs-) Forschung als auch die Unternehmenspraxis in den Führungs- und Unternehmensgrundsätzen ein Instrument der Unternehmenspolitik erkannt haben, das unternehmerisches Handeln sowohl im Innenverhältnis für die Unternehmensmitglieder als auch im Außenverhältnis für die externen Bezugsgruppen des Unternehmens transparenter machen kann und soll.

Empirische Forschungsergebnisse dokumentieren eindeutig einen positiven Trend in bezug auf den Verbreitungsgrad der in den letzten Jahren publizierten "Grundordnungen", "Leitsätze für Führung und Zusammenarbeit", "Unternehmungsphilosophien" und dergleichen: Sie speichern allgemeine Zwecke, Ziele, Potentiale und Verhaltensweisen, die gemeinsam und ohne Ausnahme sowohl für Mitarbeiter, Führungskräfte, Eigentümer, Aktionäre und Gläubiger als auch für Kunden, Lieferanten, Konkurrenz und gegenüber der Gesellschaft gelten. Sie definieren, regeln, geben Rahmenbedingungen an für alle am Unternehmensgeschehen direkt oder indirekt Beteiligten. Von Führungs- und Unternehmensgrundsätzen wird gar behauptet, sie seien in der Lage, die gesamte Moral zu verbessern, die Interessen aller optimal zu berücksichtigen, bestehende Reibungspunkte zu minimieren, richtungweisend zu wirken und in besonders prekären chancen- oder risikoreichen Situationen als Maximen des Verhaltens zu fungieren.
Kurz: Führungs- und Unternehmensgrundsätze scheinen das probate Mittel zu sein, eine Verbindung zwischen Markt und Unternehmen, der Innen- und Außenwelt einer Organisation herzustellen.

Wenn auch in Führungs- und Unternehmensgrundsätzen durchweg das "Firmen-Credo" (vgl. Ulrich, 1981a, S. 13) zum Ausdruck kommt, so ist doch zumindest Skepsis angebracht, hierin gleichsam das allgemein- wie auch individuell-verpflichtende "Grundgesetz" der Unternehmung zu sehen. An dieser Stelle muß offenbleiben, ob "Worten auch Taten folgen" oder besser: Ob niedergeschriebene Werthaltungen auch tatsächlich in entsprechende

Verhaltensweisen umgesetzt werden. Auch gerade deshalb verdienen die damit verbundenen Fragestellungen derzeit gesteigerte Aufmerksamkeit. Wo die Gründe dafür liegen, welche Inhalte in den Formulierungen vorkommen, wie leistungsfähig Führungs- und Unternehmensgrundsätze sind, und welchen Stellenwert sie schließlich für eine "Gesamtunternehmenskonzeption" besitzen, soll im weiteren Verlauf der Arbeit erörtert werden.

Den Handlungsbedarf, den die Wirtschaft aus einer sich wandelnden Umwelt abgeleitet hat und gerade auch in Führungs- und Unternehmensgrundsätzen umzusetzen versucht, haben auch die Vertreter der Wirtschaftswissenschaften für ihr Fach erkannt. Die Management- und Führungslehre hat sich als eigenständiges Teilgebiet der Betriebswirtschaftslehre etabliert, die u.a. Führungs- und Unternehmensgrundsätze als Erkenntnisziel und Forschungsobjekt auswählte. Insbesondere die empirisch-deskriptive Werteforschung, in deren Rahmen auch die vorliegende Arbeit fällt, weist starken Praxisbezug auf und versucht echte Problemlösungsstrategien zu entwerfen, die nicht im "Grauschleier" der Wissenschaft verborgen bleiben. Gerade in diesem Bereich steht die (Wirtschafts-) Wissenschaft respektive die Betriebswirtschaftslehre vor neuen Herausforderungen zu konkreter Hilfe zur besseren "Daseinsbewältigung" (vgl. für viele etwa die Bemühungen der Gruppe um Kirsch, insbes. die Veröffentlichungen der Planungs- und Organisationswissenschaftlichen Schriftenreihe, die sich überblickartig bei Brantl, 1985, finden; vgl. ferner Fischer-Winkelmann, 1983).

1. Moral oder Geschäft?

Seit geraumer Zeit hält verstärkt ein Thema in den Wirtschaftswissenschaften Einzug, das anfangs als weltfremdes Räsonieren verklärter Idealisten "belächelt" wurde, nun aber mit der Etablierung eines eigenen Lehrstuhls an den Hochschulen St. Gallen und Eichstätt zu einer festen Größe im Wissenschaftsprozeß geworden ist. Die Rede ist von der Wirtschafts- und/oder Unternehmensethik. Den Anlaß für die Wiederaufnahme ethischer Fragestellungen in die Wirtschaftswissenschaft (vgl. Hesse, 1988) und die Forderung nach "ethischer Sensibilisierung von Unternehmungen" (vgl. Steinmann, 1990) gab die Wirtschaftspraxis selbst: Von Alkem über Nukem ins Ausland; von schmutzigen Allianzen um heimliche Waffengeschäfte; von Profitgier, Machthunger und Gigantismus; von Ausbeutung, Schattenwirtschaft und Wirtschaftskriminalität.

Wenn auch zugegebenermaßen überspitzt formuliert, so ist dennoch damit der Kern der derzeitigen Diskussion um die Anwendung unlauterer Geschäftspraktiken von Unternehmen getroffen, und es häufen sich die Stimmen, die aufgedeckte Vergehen (jüngstes Beispiel: SEL-Lohr) erst als die Spitze des Eisbergs betrachten. Stehen wir somit heute vor einem Verfall der unternehmerischen Moral? Immerhin sind die Zeiten noch nicht allzu fern, in denen ein so renommierter amerikanischer Industrieller wie William H. Vanderbilt sich nicht scheute zu erklären: "Zur Hölle mit dem öffentlichen Wohl - ich arbeite für das Wohl meiner Aktionäre!" Bei Vanderbilts Vater - dem alten Kommodore (1794-1877) - klang es noch drastischer. Er soll einmal ausgerufen haben: "Was geht mich das Gesetz an - habe ich nicht die Macht?" (Hodges, 1966, S. 16).

Man mag diese Einstellungen als Relikte der Vergangenheit abtun; die unternehmensethische Problematik solcher fragwürdigen Bekenntnisse soll auch hier nicht weiter aufgerollt werden. An ihr kann aber die Frage aufgeworfen werden, wie es zu verstehen ist, daß auf der einen Seite ein zunehmender Verbreitungsgrad von Führungs- und Unternehmensgrundsätzen zu verzeichnen ist, auf der anderen Seite aber ein Absinken unternehmerischer Moral befürchtet werden muß. Die Frage nach der Lauterkeit unternehmerischen Verhaltens in unserer heutigen Zeit war Gegenstand verschiedener empirischer Untersuchungen, die hier kurz vorgestellt werden sollen, um einen ersten Einblick in die Problematik zu vermitteln.

Ende der fünfziger Jahre führte der Jesuitenpater Raimund C. Baumhart (vgl. Baumhart, 1961) eine vielbeachtete Untersuchung durch, die von Brenner/Molander in den siebziger Jahren wiederholt wurde (vgl. Brenner/Molander, 1977). Auf die Frage, ob ihr Unternehmen unlautere Geschäftspraktiken anwende, antworteten in der Untersuchung mehr als 1700 frühere Absolventen der Harvard Business School mit dem in Abbildung 1 dargestellten Ergebnis (vgl. Abbildung 1).

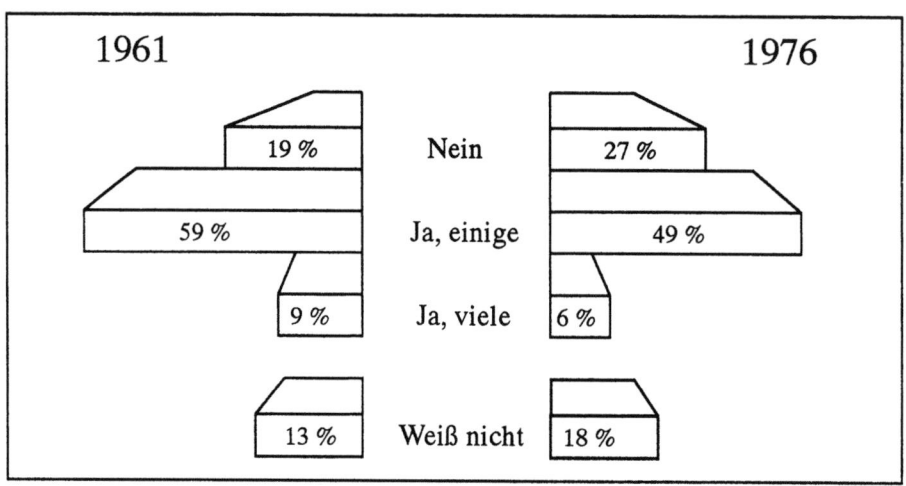

Abb. 1: Wenden Unternehmen unlautere Geschäftspraktiken an?
(aus: Gabele, 1988, S. 2)

Man kann bei rein zahlenmäßiger Betrachtung der Ergebnisse zu dem Schluß kommen, die Moral im Geschäftsleben müsse sich in der Zeit von 1961 bis 1976 verbessert haben. Verneinten in der Untersuchung des Jesuitenpaters 19 % der befragten Absolventen die Anwendung unlauterer Geschäftspraktiken, so waren dies im Vergleich dazu 1976 immerhin schon 27 %. Rund 68 % der im Jahr 1961 Befragten (59 % + 9 %) gegenüber 55 % der im Jahr 1976 Befragten (49 % + 6 %) bejahten die Anwendung unlauterer Geschäftspraktiken.

Dennoch wäre eine zu optimistische Interpretation dieser vergleichenden Analyse voreilig; denn dieselben Führungskräfte waren sich darin einig, daß etwa bei besonders scharfem Wettbewerb durchaus branchenspezifische Verhaltensregeln verletzt würden, falls mit einer Entdeckung der Übertretung nicht gerechnet werden müßte; zumal wenn anzunehmen oder erkennbar wäre, der Konkurrent werde selbst anerkannte Grundsätze mißachten. Solche Grundsätze wären nicht das Papier wert, auf dem sie stehen. Denn gerade der beispielhaft erwähnte Grenzfall eines besonders scharfen Wettbewerbs müßte als verläßlicher Test für ihre Tauglichkeit gelten. Eine derartige Verletzung allgemein anerkannter Führungs- und Unternehmensgrundsätze um kurzfristiger Vorteile willen, hätte vermutlich die Konsequenz, daß das bestehende ethische Niveau im Geschäftsverkehr ständig abgesenkt würde; das Nachsehen hätten all jene Unternehmen, die ihre Praxis nicht den im Verfall begriffenen Regeln anpaßten. Sie schwächten zumindest ihre Wettbewerbsaussichten erheblich.

Läßt sich dieser Effekt der Absenkung unternehmerischer Moral verhindern? Amerikanische Manager sind skeptisch, ob es gelingen könnte, durch die Formulierung und Verpflichtung auf spezielle Verhaltensregeln die Moral in der Wirtschaft zu heben:

- 1961 gaben 71 % dieser Hoffnung Ausdruck;
- 1976 waren es nur noch 56% (vgl. Baumhart, 1961; Brenner/Molander, 1977).

Die deutsche Unternehmerschaft ist, wie aus einer Studie von Koehne 1976 hervorgeht, optimistischer (vgl. Koehne, 1976):

- Eine klare Mehrheit von 73% sucht nach einem Leitbild "im Sinne einer geistigen Grundlegung der Unternehmerarbeit". Lediglich eine kleinere Minderheit von 15 % vertritt die konträre These, technische und wirtschaftliche Sachzwänge ließen keinen Raum für ethische Wertvorstellungen (Koehne, 1976).

Auch heute, zu Beginn der neunziger Jahre, gibt es in der Wirtschaft Anzeichen für die Suche der Unternehmen nach einem Leitbild "im Sinne einer geistigen Grundlegung der Unternehmerarbeit". Das Aufkommen der schon eingangs erwähnten Unternehmensethik kann als Zeichen einer in Bewegung geratenen Diskussion um Werte in der Wirtschaft gedeutet werden. Die recht kontrovers geführte Debatte entzündet sich vornehmlich an der Frage, ob ethische Grundsätze im Wirtschaftsablauf überhaupt berücksichtigt werden können, ohne dabei Gefahr zu laufen, ökonomische Nachteile in Kauf zu nehmen. Ethische Grundsätze, so lautet das immer wieder vorgebrachte Argument, seien letztendlich idealistisch und hätten in der Welt des harten Konkurrenzkampfes ums "tägliche Überleben" keinen Platz. Kann aber dadurch gleichzeitig gerechtfertigt werden, daß egoistisches Profitstreben an die Stelle partnerschaftlicher Vertragserfüllung gesetzt wird?, daß keineswegs nur aus Nachlässigkeit und Sorglosigkeit "im Namen ökonomischer Kalkulationen ethische Gebote hintangestellt werden" (Steinmann/Löhr, 1987, S. 5)? Wenn sich in der Wirtschaftspraxis Fälle häufen, "wo die mangelnde ethische Orientierung unternehmenspolitischer Entscheidungen zu unverantwortlichen Konsequenzen geführt hat" (Steinmann/Oppenrieder, 1985, S. 170), so muß die Frage gestellt werden, ob der Optimismus deutscher Manager gerechtfertigt ist, der davon ausgeht, Grundsätze könnten die Wirtschaftsmoral verbessern. Diese Frage sei im weiteren genauer analysiert.

2.   Gründe für die Formulierung von Führungs- und Unternehmensgrundsätzen

Als Gründe für die Formulierung von Führungs- und Unternehmensgrundsätzen werden inner- wie außerbetriebliche Entwicklungen angegeben, z.B.

- Sicherung und Steigerung des Erfolges,
- anspruchsvollere Kunden,
- Engpässe in den Bezugsquellen,
- stärkere Beteiligung und Motivation der Mitarbeiter,
- einheitliche Orientierung in wachsenden Organisationen,
- sozialer und gesellschaftlicher Druck,
- Umweltverschmutzung,
- Gesundheitsgefährdung durch die Industrie,
- Vorgriff auf erwartete gesetzliche Regelungen
- und nicht zuletzt die zunehmende Verschlechterung des Bildes vom Unternehmen in der Öffentlichkeit, die schon am gesunden Selbstverständnis der Unternehmen zu nagen begann.

Ansoff beschreibt einige Wirkungen derartiger Veränderungen auf die betrieblichen Entscheidungs- (Macht-) Strukturen im Zeitablauf wie in Abbildung 2 dargestellt (Ansoff, 1978, vgl. Abbildung 2).

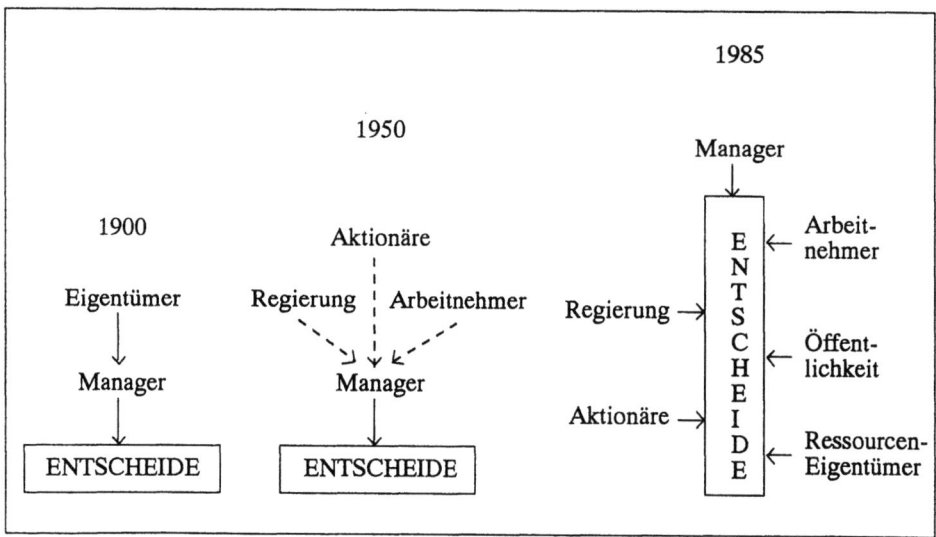

Abb. 2: Veränderungen der Entscheidungsstrukturen

Zunächst sieht Ansoff für die Zeit um 1900 den direkten Einfluss von Eigentümer und Manager eines Unternehmens auf betriebliche Entscheidungen als typisch an. Fünfzig Jahre später kommen neue Gruppen und Institutionen hinzu, die ebenfalls ihren Anspruch auf Mitwirkung an betrieblichen Entscheidungen geltend machen.

Die damalige Prognose für 1985 lautete: Zwar scheint der Manager nach wie vor sehr bedeutsam; er ist jedoch keineswegs mehr der einzige Inhaber der Macht. "Die Rolle des Managers wird sich von einem zentral Entscheidenden zu einem am Entscheidungsprozeß Teilnehmenden und Koordinator ändern" (Ansoff, 1978, S. 119), wiewohl auch "die Vermittlung neuer Wertvorstellungen für die Leistung von Unternehmern und ihrer Mitarbeiter (und) demokratischere Formen der Menschenführung... einen Managertyp (harmonischer Konfliktlöser) (bedingen), der innovations- und entscheidungsfreudig ist, Mut auch zu unpopulären Maßnahmen hat und sich durchaus auch einmal über Konventionen hinwegzusetzen vermag" (Wick, 1985, S. 24).

In weiten Bereichen der Wirtschaft dürfte diese Prognose bereits Wirklichkeit sein oder es demnächst werden. Erinnert sei nur an die Diskussion um die betriebliche und überbetriebliche Mitbestimmung, die eine stärkere Beteiligung der Arbeitnehmer zur Folge haben wird oder an die staatliche Kontrolle der europäischen Stahlindustrie über Produktionsquoten, Mindestpreise und Einfuhrbeschränkungen mit dem Ergebnis der Machtverschiebung zugunsten des Regierungsapparates.

Neuere leidvolle Erfahrungen in der Ölkrise legen es zudem nahe, die potentiellen am Unternehmensgeschehen beteiligten Gruppen zu erweitern: Besonders direkt vom Öl abhängige Branchen müßten gerade dem Lieferproblem ungeteilte Aufmerksamkeit schenken. Es fehlen demzufolge im Schema Ansoffs weitere wichtige Gruppen wie die Konkurrenz, die Gläubiger und nicht zuletzt die Kunden des Unternehmens. Alles was ein Unternehmen tut oder unterläßt, berührt die Interessen der eben genannten Gruppen - wenn auch in unterschiedlich starkem Ausmaß.

Durch die Involvierung mehrerer Bezugsgruppen in unternehmerische Entscheidungen haben sich auch Art und Prozeß der Willensbildung in Unternehmen deutlich geändert. Die "Welt des Unternehmens" ist kleiner geworden und damit auch das Interaktionsgefüge der Unternehmen engmaschiger. Konnte der Unternehmer bzw. Manager um die Jahrhundertwende noch weitgehend interessenmonistisch unter Berücksichtigung ausschließlich ökonomischer Zielkategorien Entscheidungsfindung betreiben, so muß heute die Konzeption "seiner" Unternehmenspolitik gemäß dem Anspruch der verschiedenen

Gruppen auf Mitwirkung an betrieblichen Entscheidungen interessenpluralistisch ausgerichtet sein und im Ergebnis einen möglichst umfassenden Interessenausgleich anstreben. Einhergehend mit dieser Entwicklung hat sich auch "das Selbstverständnis der Unternehmen in ihrer gesellschaftlichen Rolle dahingehend gewandelt, daß sie ihre Legitimation nicht mehr nur aus der Produktion von Waren, sondern auch aus der Leistung zusätzlicher Beiträge für die Gesellschaft herleiten" (Albach, 1976, S. 745, vgl. auch Kubicek, 1984, S. 7).

Konkret bedeutet dies, daß Unternehmen nicht mehr nur Veränderungen in wirtschaftlichen und technologischen Bereichen ins unternehmenspolitische Kalkül einbeziehen müssen, sondern gerade auch auf Entwicklungstendenzen im gesellschaftlich-politischen und sozialen Umfeld reagieren müssen. Die Leistungsfähigkeit des Systems "Unternehmung" hängt also auch davon ab, inwieweit neben rein ökonomischen Faktoren auch *sozio-ökonomische* Veränderungen in der Unternehmensumwelt wahrgenommen werden, innerbetrieblich internalisiert und verarbeitet werden und letztendlich eben auch in Führungs- und Unternehmensgrundsätzen zu diesen Veränderungen verbindlich Stellung genommen wird. Schon allein dies ist Grund genug, um mit den Führungs- und Unternehmensgrundsätzen eine Regelungsprogrammatik für das Unternehmen aufzustellen.

Neben den aufgezeigten Veränderungen in den betrieblichen Entscheidungsstrukturen kann heute, zu Beginn der neunziger Jahre, die eingangs angesprochene zunehmende Verschlechterung des Bildes vom Unternehmen in der Öffentlichkeit als zwingender Grund für die Unternehmen angesehen werden, durch Führungs- und Unternehmensgrundsätze Aufklärungsarbeit zu leisten und dieser Verschlechterung ihres Ansehens entgegenzuwirken. Daß dieser "Attraktivitätsschwund" deutscher Unternehmen keineswegs bloße Vermutung ist oder nur bei vernachlässigbar kleinen Bevölkerungsteilen auftritt, zeigen empirische Untersuchungen zum Fremdbild der Unternehmen, d. h. wie der Unternehmer/Manager von seiner Umwelt wahrgenommen und beurteilt wird.

Die letzte größere empirische Untersuchung geht auf das Jahr 1983 zurück. Das Institut für Demoskopie Allensbach führte damals eine Repräsentativumfrage im Auftrag der Wirtschaftswoche zum "Unternehmerbild der Deutschen" durch (vgl. ausführlich Wirtschaftswoche, 1983, S. 64ff.). Von den zahlreichen Einzelprädikatoren dieser Studie soll im folgenden nur einer herausgegriffen werden: "Wachsende Unternehmerfeindlichkeit der höheren Bildungsschichten".

Dieses Werturteil gewinnt die Allensbach-Umfrage aus folgenden Angaben (vgl. Wirtschaftswoche, 1983, S. 81f.): Geht die Gesamtbevölkerung zu 36% von einem verschlechterten Unternehmeransehen aus, sind es bei den unter Dreißigjährigen schon 42%, bei denjenigen von ihnen mit höherer Schulbildung sogar 46%. Die Gesamtbevölkerung sieht den Unternehmer "nur" zur 34% als "Ausbeuter", bei den unter Dreißigjährigen sind es 45%, fast genauso viele, die den Unternehmern Tüchtigkeit konzedieren (48%)...

Während der "rücksichtslose Ausbeuter" im Urteil der Bevölkerung 1976 gegenüber 1965 zunahm, sich 1980 abschwächte, vollzog sich 1983 ein kräftiger Sprung nach oben. Heute hat dieses Urteil nahezu doppeltes Gewicht gegenüber 1965. Bei Befragten mit höherer Schulbildung nahm das Gewicht um mehr als das Doppelte, um 121 % zu, bei den unter Dreißigjährigen mit höherer Schulbildung gar mit 148 % fast das Zweieinhalbfache. Renate Köcher vom Allensbach-Institut dazu: "In Zusammenhang mit den Ergebnissen anderer Untersuchungen... werden hier Gefahren für den Wirtschaftsprozeß sichtbar, die aufgrund ihrer sozial-psychologischen Natur allzu oft unterbewertet oder gar übersehen werden" (Köcher, 1982, S. 335f.).

Die hier vorgetragenen empirischen Ergebnisse der Studie zur Fremdeinschätzung der Unternehmerschaft stimmen bedenklich. Denn es kann allgemein angenommen werden, daß gerade in den besser ausgebildeten Bevölkerungsschichten das Führungskräftepotential von morgen heranwächst. Folgt man der These, daß Unternehmen nur dann erfolgreich arbeiten und ihren Leistungsbeitrag für die Gesellschaft erbringen können, wenn sie die aus den Ideologien der neuen Mitarbeitergeneration entspringenden Erwartungen berücksichtigen (vgl. Macharzina, 1974, S. 253), so kann hier ein dringender Handlungsbedarf festgestellt werden.

Darüber hinaus können die dargelegten empirischen Befunde als Ergebnis einer gesellschaftlichen Entwicklung interpretiert werden, die in den sechziger Jahren begann und durch die "wilden" achtziger bis hin zum Anfang der neunziger Jahre an Aktualität nichts verloren bzw. ihren vorläufigen Höhepunkt erreicht hat: Gemeint ist der um sich greifende Werte- und Einstellungswandel, der oft auch mit solchen Begriffen wie "sozialer Wandel", "kritische Gesellschaft", "Post-Materialismus" belegt wird und in seinen extremen Erscheinungsformen als "Aussteigertum", "Null-Bock-Generation", "Protestbewegungen" wahrgenommen wird (vgl. Klages, 1987, S. 1ff., ferner Oberndörfer, 1985 sowie Rosenstiel, 1984, S. 215).

Die Vielschichtigkeit dieses tatsächlich stattfindenden Wertewandels (man kann hier keineswegs von einer "Modeerscheinung" sprechen) resultiert dabei aus der

Ausdifferenzierung funktionaler Teilsysteme in westlichen Gesamtgesellschaften - namentlich der Wirtschaft, der Gesellschaft, der Politik und der Wissenschaft. Hierbei nimmt das Teilsystem "Wirtschaft" eine Vormachtstellung ein, kann es doch ohne Zweifel als das treibende Element der westlichen Gesellschaft bezeichnet werden, wobei zum Teil sogar von einem "gesellschaftlichen Imperialismus des Ökonomischen" (Brauchlin, 1983, S. 59) oder der Ökonomisierung aller Lebensbereiche gesprochen wird (vgl. Koslowski, 1987, S. 8f.).

Dies erklärt auch, warum gerade verstärkt in den Unternehmen (über die Mitarbeiter) die Auswirkungen dieses Wertewandels spürbar werden. Deshalb steht die Wirtschaftspraxis zum einen, ihr wissenschaftliches Pendant - die Wirtschaftswissenschaften - zum anderen, teilweise ungerechtfertigt im Kreuzfeuer der Kritik, wenn es um Sinn- und Wertfragen schlechthin geht. Es scheint, daß unlautere Geschäftspraktiken einiger "schwarzer Schafe" schon ausreichen, die gesamte Unternehmerschaft ins Zwielicht zu zerren. Man erinnert sich nur zu gut an die Zeit, als das "hohe Lied" vom Werteverlust der deutschen Wirtschaft angestimmt wurde und sensationsheischende Parolen wie "Exporteure des Todes" Hochkonjunktur hatten.

Auch die Wirtschaftswissenschaft sieht sich zuweilen dem Vorwurf ausgesetzt, zu sehr Instrumentalwissenschaft zu sein und so die "Totalität menschlichen Handelns" aus dem Blick verloren zu haben (vgl. ausführlich Hesse, 1988, S. 1ff.). Kurz: "Ökonomen kämpfen Seite an Seite mit Unternehmen gegen negative Klischees an!" (vgl. Gabele, 1984a, S. 8).

Diese Entwicklung veranlaßte die Unternehmen zur Suche nach einem (neudefinierten?) Selbstverständnis in einer sich wandelnden Welt. In den Führungs- und Unternehmensgrundsätzen glauben sie ein Instrument gefunden zu haben, um auf die ihnen vorgeworfene Kritik inner- wie außerbetrieblich in angemessener Weise zu reagieren und eigene Standpunkte darzulegen. Als Zeichen der Dialogbereitschaft und Offenheit können diese dazu beitragen, mit den von unternehmerischen Entscheidungen betroffenen Gruppen "ins Gespräch" zu kommen.

3. Inhalte von Führungs- und Unternehmensgrundsätzen

3.1 Adressatenspezifische Inhalte von Führungs- und Unternehmensgrundsätzen

Nicht von ungefähr formulieren die Unternehmen einige ihrer Grundsätze hinsichtlich ausgewählter Adressaten und deren Interessen. Die folgende Abbildung 3 zeigt sie im Überblick (vgl. Abbildung 3).

Abb. 3: Adressatenspezifische Inhalte von Führungs- und Unternehmensgrundsätzen

Geht dem Unternehmen der Bezug zu seinen aktuellen und potentiellen Adressaten verloren, so ist damit auch langfristig der Erfolg des Unternehmens gefährdet. Dies mag man als Binsenwahrheit abtun; Tatsache ist aber, wie Peters und Waterman eindrucksvoll in ihrem Bestseller darstellen, daß *auch* der besondere Bezug zu den Adressaten den Erfolg der "excellence-companies" vom Mißerfolg der "non-excellence-companies" unterscheidet (vgl. Peters/ Waterman, 1986, S. 189ff.).

Dabei werden in Führungs- und Unternehmensgrundsätzen keineswegs alle in Abbildung 3 aufgeführten Adressaten angesprochen, denn je nach Umständen (Unternehmensgröße, Koordinationsbedürfnisse, Notwendigkeit, sich nach außen darzustellen, usw.) ist der Kreis der Adressaten dem Unternehmen vorgegeben (vgl. Brauchlin, 1984, S. 315). Eine dominante Größe im Kreis der adressatenspezifischen Grundsätze nehmen allerdings die *mitarbeiterbezogenen Aussagen* ein. Sie fehlen wohl in keinem Grundsatzdokument.

So gehen alle bekannt gewordenen und per Inhaltsanalyse durchleuchteten Führungs- und Unternehmensgrundsätze (vgl. Gabele/Kretschmer, 1981) - hin und wieder auch Unternehmensverfassung, Unternehmensphilosophie, Leitsätze, Leitbild, Verhaltensgrundsätze und dergleichen genannt - explizit auf den Mitarbeiter ein; ganz besonders ausgeprägt die Unternehmensverfassung der Firma Bertelsmann AG. Sie formuliert u.a. das Verhältnis Unternehmen/Mitarbeiter so:

> "Es ist wichtig, daß sich die Mitarbeiter im Rahmen kritischer Loyalität mit ihren Aufgaben, den Zielen und dem Verhalten des Unternehmens identifizieren können...
> (Dazu) soll den Mitarbeitern in ihren Arbeitsgebieten ohne bürokratische Einengung ein möglichst großer Freiraum zur persönlichen und fachlichen Entfaltung gesichert werden" (Bertelsmann AG, 1980, S. 4).

Die Grundsätze dieses Unternehmens behandeln ferner Fragen der Vergütung sowie Gewinn- und Kapitalbeteiligung, der Zusammenarbeit und der zu erwartenden sozialen Leistungen.

In engem Zusammenhang mit der Adressatengruppe Mitarbeiter stehen die Führungs- und Unternehmensgrundsätze, die auf das *Management*, die Führungskräfte eingehen. Die Unternehmensgrundsätze der Vorwerk-Gruppe dazu lauten:

> "Grundlage des Führens ist die Vereinbarung von Zielen... Die Ziele sind mit den jeweiligen Mitarbeitern und den betroffenen Funktionsbereichen sorgfältig abzustimmen. Zielkonflikte sind auf einer sachlichen Basis zu lösen. Dem Mitarbeiter müssen die Kompetenz und die Mittel zur Erreichung der mit ihm vereinbarten Ziele zur Verfügung gestellt werden.
> Jede Führungskraft soll dafür sorgen, daß sich in ihrem Bereich Arbeitsklima und Arbeitszufriedenheit positiv entwickeln. Dazu gehört, Mitarbeit durch Überzeugung zu gewinnen statt diese anzuordnen. Dazu gehört auch, unbequemen Meinungen Raum zu geben und auf den einzelnen Menschen einzugehen.
> Vorwerk erwartet von seinen Führungskräften, daß sie über ihren eigenen Verantwortungsbereich hinausdenken, die Führungsmittel systematisch handhaben und Ziele energisch verwirklichen." (Vorwerk & Co., 1979, S. 10; ausführlich zu den Unternehmensgrundsätzen der Vorwerk-Gruppe vgl. Grimm, 1981).

Die Unternehmen haben in ihren Mitarbeitern (und Führungskräften) - dem Human Capital - ein wichtiges, wenn nicht das wichtigste Potential für eine erfolgreiche Entwicklung erkannt. Dies geht auch aus der im Rahmen eines DFG-Projektes durchgeführten empirischen Studie hervor (vgl. Gabele/ Kretschmer, 1981, S. 43). In Abbildung 4 sind die Adressaten von Führungs- und Unternehmensgrundsätzen und die Häufigkeit, mit der sie in den ausgewerteten Dokumenten bei 26 Unternehmen vorkamen, zusammengestellt. Unangefochten an erster Stelle der Aussagen zu Adressaten finden sich hier die "Mitarbeiter".

Aussagen zu Adressaten	Anzahl der Unternehmen (n = 26)
Mitarbeiter	26
Kunden	19
Aktionäre und Eigentümer	19
Gesellschaft und Öffentlichkeit	16
Lieferanten	9
Konkurrenz	8
Betriebsrat	5
Gläubiger	3
Verbände	2

Abb. 4: Adressaten der Führungs- und Unternehmensgrundsätze

Daß den Mitarbeitern in den Führungs- und Unternehmensgrundsätzen ein besonderer Stellenwert eingeräumt wird, geht auch aus dem Leitbild leistungsorientierter und partnerschaftlicher Zusammenarbeit in einem Großunternehmen der Swiss-Air hervor, das als "Verdichtung eines neugewonnenen Verständnisses von Führung und Zusammenarbeit" (Gubser/Fröhlich, 1984, S. 20) betrachtet werden kann. In einer Sieben-Punkte umfassenden Broschüre wird in dezidierter Form der Inhalt des Swiss-Air-Leitbildes dargelegt und zugleich erörtert, welche Transfermöglichkeiten genutzt werden sollen, um das (Leit-) Bild in den Köpfen der gesamten Belegschaft zu verankern, damit ein erneutes Mißlingen der Leitbildimplementierung vermieden wird (vgl. Gubser/Fröhlich, 1984, S. 21f.). Die Inhalte dieses Führungsleitbildes befassen sich mit folgenden "Überschriften":

1. Führung durch Zielsetzung
2. Die Aufgaben des Vorgesetzten und Mitarbeiters
3. Der Informationsaustausch zwischen Vorgesetzten und Mitarbeitern
4. Vorgesetzte und Mitarbeiter als Leiter und Teilnehmer von Arbeitsgruppen
5. Die Arbeitsgestaltung des Vorgesetzten und Mitarbeiters
6. Definition von Aufgaben und Kompetenzen, Entscheidung und Verantwortung
7. Die betriebliche Disziplin

Ein besonders ausgeprägtes Leitbild in bezug auf den Mitarbeiter findet sich bei den Grundsätzen der Firma "Lamy". Dort heißt es sehr ausführlich:

"Wir sind eine schöpferische Gemeinschaft leistungsfähiger und leistungsbereiter Mitarbeiter... Der Ideenreichtum, die Leistungs- und Lernbereitschaft unserer Mitarbeiter sichern unseren Unternehmenserfolg. Deshalb sind die obersten Ziele unserer Führungspolitik:
- Das offene, ungezwungene Miteinander und das "Wir-Gefühl" aller Lamy-Mitarbeiter zu pflegen und zu festigen und
- die individuellen Fähigkeiten, die Eigeninitiative, die schöpferische Kraft des einzelnen Mitarbeiters zu fördern.
Das Führungsverhalten des Vorgesetzten ist darauf ausgerichtet, die Handlungsmotive und Erwartungen des einzelnen Mitarbeiters zu achten und diese mit den übergeordneten Unternehmenszielen in Einklang zu bringen.
Führungskräfte sollen sich nicht nur selbst für die Realisierung des Lamy-Leitbildes einsetzen, sondern auch ihre Mitarbeiter motivieren, sich damit zu identifizieren und bei jeder Aufgabe danach zu handeln." (Czisnik/Wältner, 1989, S. 398f.).

Daß mit dieser Formulierung eher Wunschvorstellungen bzw. die Vision eines Idealzustandes proklamiert wurden, veranlaßte Lamy zu einem teilweisen Neuentwurf der Leitlinien.

Mit den Inhalten, das geht aus den bisher vorgestellten Beispielen hervor, sind auch gleichzeitig adressatenspezifische Ziele von Grundsätzen angesprochen, die mit übergeordneten Unternehmenszielen harmonieren sollen. Diese adressatenspezifischen Zielaussagen gehen dabei vornehmlich auf die Mitarbeiter ein. So sehen Finzer/Mungenast einen Inhalts- bzw. Zielschwerpunkt in der "Gestaltung persönlicher Beziehungen und sozialer Strukturen" (Finzer/Mungenast, 1990, S. 50). Die Intention dieser Zielaussagen ist in einer Freisetzung von zusätzlichem Identifikations- und Motivationspotential zu sehen sowie die Entwicklung eines zeitgemäßen, d.h. kooperativ-partizipativen Führungstils voranzutreiben (vgl. Breisig, 1987, S. 212ff., ferner Meyer, 1985, S. 367ff.). Hier liegt allerdings dringender Handlungsbedarf vor, da die Umsetzung der Leitbildbekenntnisse größtenteils noch nicht stattgefunden hat (vgl. Meyer, 1985, S. 367ff.).

Die letzten beiden angeführten Grundsatzbeispiele können als klassische Ausführung eines *Führungsgrundsatzes* bezeichnet werden, da sie recht ausführlich auf Innenmachtbeziehungen und organisatorisch-technische Regelungsmechanismen (z.B. betriebliche Disziplin) eingehen. Als potentieller Arbeitgeber muß das Unternehmen seine Vorstellungen aber auch an den (externen) Arbeitsmarkt vermitteln. Führt man sich vor Augen, daß Engpässe am Arbeitsmarkt oftmals durch Nichtvorhandensein qualifizierter Mitarbeiter auftreten und Unternehmen hier in einen Konkurrenzkampf um potentielle Arbeitskräfte treten (müssen), so kommt einem diesbezüglich formulierten Führungs- und Unternehmensgrundsatz nicht zuletzt die Bedeutung einer gezielten Arbeitsmarktstrategie zu, vorausgesetzt, er spiegelt auch die wahre Identität des Unternehmens wider. Mitarbeiterbezogene Unternehmensgrundsätze nehmen damit eine besondere Stellung im Kreis der adressatenspezifischen Unternehmensgrundsätze ein, womit auch ihre Priorität bei der Formulierung durch die Unternehmen hinreichend erklärt sein dürfte (vgl. Abbildung 4).

Am zweithäufigsten beschäftigen sich Führungs- und Unternehmensgrundsätze mit den *Kapitalgebern*, also den Eigentümern, Aktionären und Gläubigern. Die meist kurzen Formulierungen dazu sind zudem äußerst zurückhaltend gewählt. Man spricht über die "Verpflichtung gegenüber den Aktionären" oder die "berechtigten Erwartungen der Anteilseigner" oder davon, daß "langfristige Gewinnsicherung wichtiger ist als kurzfristige Gewinnmaximierung" bzw. ein "angemessener Gewinn angestrebt werde". Die gewählten Begriffe lassen vermuten, wie hier zwischen den Interessenten genauestens abgewogen und ausbalanciert wurde.

Am dritthäufigsten findet man in Führungs- und Unternehmensgrundsätzen Aussagen zum *Kunden*. Beispielhaft seien hierzu die Unternehmensgrundsätze der IBM angeführt. Es heißt dort u.a.:

"Seit jeher hat die IBM ihre Produkte vor allem mit einem Argument verkauft: Hervorragende Leistung. Es ist schon immer ein Grundsatz der IBM gewesen, den Kunden die bestmöglichen Produkte und Dienstleistungen anzubieten und durch die Herausstellung ihrer Vorzüge - nicht durch die Herabsetzung von Mitbewerbern und

deren Produkte und Dienstleistungen - zu verkaufen. Kurz: Verkaufen Sie IBM!"
(IBM Corporation, S. 17).

Bezüglich der *Lieferanten* geht es in den Führungs- und Unternehmensgrundsätzen größerer Unternehmen vorwiegend um das Problem der Gleichbehandlung sowie die Begrenzung des Risikos durch die Zusammenarbeit mit mehreren Firmen.

In ganz wenigen Führungs- und Unternehmensgrundsätzen findet man konkrete Aussagen zum Verhalten gegenüber der *Konkurrenz*. Bei Messerschmitt-Bölkow-Blohm wird das Unternehmenskonzept zu dieser Problematik wie folgt erläutert:

"Die Weiterentwicklung... (der Luft- und Raumfahrt-) technologien und ihre sinnvolle Anwendung in unseren Produkten setzt ein partnerschaftliches Verhältnis in abgestufter Kooperation mit anderen Industrieunternehmen voraus" (Messerschmitt-Bölkow-Blohm GmbH, 1978, S. 3).

Alle weiteren Bemühungen zur Konkurrenz beschränken sich auf die verbale Verpflichtung auf das Prinzip des freien Wettbewerbs.

Die *Gesellschaft, Öffentlichkeit und Umwelt* schließlich ist als Adressat in Führungs- und Unternehmensgrundsätzen die wohl heterogenste Gruppe. Einleitend hierzu steht meist ein Bekenntnis zur freiheitlich - demokratischen Gesellschaft. Nicht selten wird ein Engagement am öffentlichen und politischen Leben gerne gesehen und materiell durch Lohnfortzahlung im Wahlkampf und dergleichen belohnt.

Führungs- und Unternehmensgrundsätze sind insgesamt gesehen deutlich häufiger bei Unternehmen zu finden, die verstärkt der öffentlichen Kritik ausgesetzt sind, vor allem in Branchen, die mit Problemen der Umweltverschmutzung und gesundheitsgefährdenden Produkten zu tun haben.

Bei der vorgenommenen inhaltsanalytischen Auswertung der adressatenspezifischen Führungs- und Unternehmensgrundsätze fällt auf, daß ungleich konkretere und ausführlichere Formulierungen zu den mitarbeiterbezogenen Grundsätzen vorliegen als zu denjenigen, die anderen Interessengruppen des Unternehmens gewidmet sind.
Darüber hinaus kann durch die durchaus unterschiedlichen Belegungshäufigkeiten in den einzelnen Kategorien (vgl. Abbildung 4) der Eindruck entstehen, die Mitarbeiter seien die überhaupt wichtigsten Adressaten für das Unternehmen und insofern andere Bezugsgruppen

bzw. die dementsprechenden adressatenspezifischen Inhalte nur "schmückendes Beiwerk". Wenn auch die Mitarbeiter zugegebenermaßen ein eminent wichtiger Adressatenkreis für die Unternehmen sind, so darf dennoch nicht der Fehler begangen werden, gleichsam einer statistischen Häufigkeitsverteilung hier von *inhaltlichen* Rangordnungen oder Über- bzw. Unterordnungen auszugehen. Neben den Mitarbeitern sind es eben auch die Kunden, Lieferanten, Konkurrenten usw., die den Erfolg des Unternehmens nachhaltig beeinflussen können. Zwar können die Aussagen eines Unternehmens bezüglich verschiedener Adressaten umfangmäßig verschieden sein und auch von Branchen, Geschäftsfeldern, Produkt-Markt-Konzept und z.B. der Strategiewahl abhängen, doch sind sie "sachlich und terminologisch... aufeinander abzustimmen, am besten anhand eines gemeinsamen Bezugsrahmens. Ansonsten besteht die Gefahr, daß die diesbezüglichen Informationen eher zur Konfusion als zur notwendigen Klärung beitragen" (Attenhofer, 1990, S. 27). Lediglich im Zusammenhang mit ihrem Konkretisierungsgrad kann man von "mehr" oder "weniger" sprechen.

Damit stellt die Gesamtsicht, das Zusammenspiel der (hier adressatenspezifischen) Inhalte von Führungs- und Unternehmensgrundsätzen deren entscheidendes Erfolgskriterium dar, allerdings aber auch ihr Hauptproblem (vgl. Gabele, 1982b, S. 192). Die Überlebensfähigkeit des Systems "Unternehmung" kann auch von dem Grad ihrer Einbindung in die Gesamtgesellschaft (wenn auch als Subsystem) eben als "gesellschaftliche Institution" abhängig gemacht werden, und dieser (Grad) kann unter anderem an der "Qualität" der Beziehungen zur Unternehmensumwelt gemessen werden. Deshalb *muß* in Führungs- und Unternehmensgrundsätzen den Aussagen zu Eigentümern, Kunden, Konkurrenten, Gläubigern, Lieferanten und nicht zuletzt der Gesellschaft gebührender Wert beigemessen werden.

3.2 Allgemein-geschäftspolitische Inhalte von Führungs- und Unternehmensgrundsätzen

Die bislang herangezogenen Inhalte von Führungs- und Unternehmensgrundsätzen stellen überwiegend auf einen spezifischen Adressatenkreis ab. Das ist weder durchweg möglich noch ausreichend; ein *abgerundetes, gut verständliches Leitbild* des Unternehmens wäre unvollständig, würde es *nur* auf spezifische Adressaten eingehen. Fragen nach der Marktleistung und Marktstellung, den spezifischen Fähigkeiten des Unternehmens, seinen Produkt- und Marktzielen sowie funktionalen Zielen (z.B. Forschung und Entwicklung) wie auch dem allgemeinen Unternehmenszweck - seiner Mission (vgl. Attenhofer, 1990, S. 29) - blieben unbeantwortet. Die Gesamtunternehmensperspektive ginge verloren.

Aus diesem Grund gibt es (neben den adressatenspezifischen) Führungs- und Unternehmensgrundsätze, die sehr viel allgemeinerer Natur sind und entweder die Interessen mehrerer Gruppen im Unternehmen gleichzeitig berühren oder nicht so ohne weiteres - wenn überhaupt - einer Interessengruppe zugeordnet werden können. Dies soll durch die Ellipse in Abbildung 5 thematisch deutlich gemacht werden (vgl. Abbildung 5).

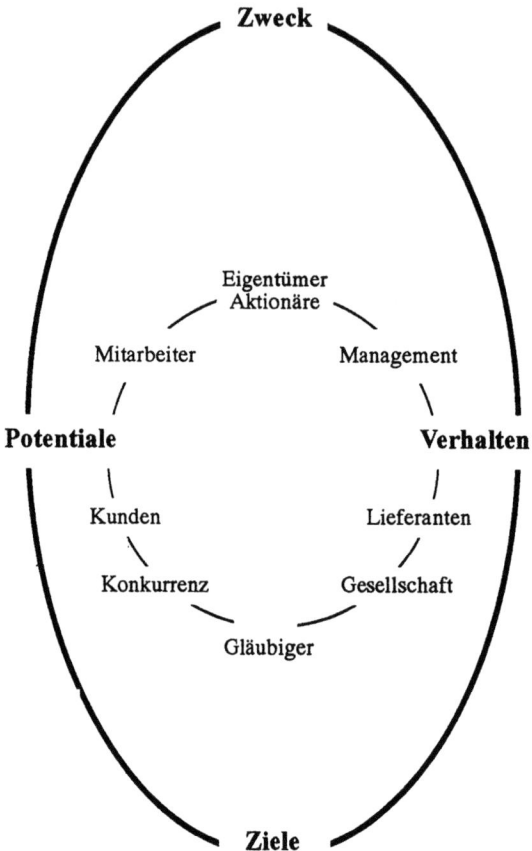

Abb. 5: Inhalte von Führungs- und Unternehmensgrundsätzen

Konkret will die Darstellung in Abbildung 5 zum Ausdruck bringen, daß zwischen den einzelnen Kategorien der dargestellten Inhalte von Führungs- und Unternehmensgrundsätzen durchaus *Interdependenzen* möglich sind; so können beispielsweise kundenbezogene Leitsätze den Tätigkeitsbereich sowie die Potentiale und Verhaltensweisen im Absatzbereich tangieren, oder finanzpolitische Grundsätze sprechen indirekt die Interessen der Eigentümer und Gläubiger an. Gerade deshalb sind auch die beiden Hauptdimensionen der Inhalte übereinander gelegt: Der innere Kreis der adressatenspezifischen Grundsätze wird überlagert von der Ellipse "allgemein-geschäftspolitische Leitsätze".

Nach Abbildung 5 sind demnach vier Typen allgemeiner Inhalte von Führungs- und Unternehmensgrundsätzen zu unterscheiden. Inhalte von Führungs- und Unternehmensgrundsätzen, die sich

* mit dem Zweck,
* mit den Zielen,
* mit den Potentialen und schließlich
* mit dem Verhalten der Personen im Unternehmen (= Führungsgrundsätze)

beschäftigen.

An dieser Stelle muß darauf hingewiesen werden, daß der hier gewählte Kategorienrahmen nur *eine* Möglichkeit der inhaltsanalytischen Auswertung von Führungs- und Unternehmensgrundsätzen darstellt. Verschiedene Autoren der deutschsprachigen Betriebswirtschaftslehre konzipierten verstärkt seit Mitte der siebziger Jahre eine Reihe weiterer Klassifikationen (vgl. Müller, 1967, Scheuplein, 1970, Koch, 1977 sowie 1975, Ulrich, 1978, Brauchlin, 1979 sowie 1984, Gälweiler, 1976; zu den wenigen empirischen Forschungsanstrengungen hinsichtlich der Inhalte von Führungs- und Unternehmensgrundsätzen vgl. Plesser, 1976 und Dierkes, 1977, Bartenstein, 1978 sowie Gabele/Kretschmer, 1986). So glaubt z.B. das Sekretariat der Deutschen Sektion der "Fondation Européenne pour l`Economie" mit Hilfe eines ausschließlich adressatenspezifischen Kategorienschemas die Leitsätze hinreichend abbilden und auswerten zu können (vgl. Gabele/Kretschmer, 1986,S. 47).

Mit dem hier ausgewählten theoretischen Konstrukt zur Inhaltsanalyse von Führungs- und Unternehmensgrundsätzen ist die verfolgte Vorgehensweise festgelegt, die eine Zuordnung der Inhalte zu den Kategorien *themenbezogen* (allgemein-geschäftspolitisch nach Zweck, Ziele, Potentiale, Verhalten; adressatenspezifisch nach den jeweiligen Adressaten) vorsieht. Der Nachteil einer ausschließlichen Wortzuordnung, die die Aussagefähigkeit wesentlich beeinträchtigt hätte, da sich die Grundsätze aus mehreren Wörtern zusammensetzen, wurde somit umgangen (vgl. ausführlich Gabele/Kretschmer, 1986, S. 52).

Einige Beispiele aus der Praxis sollen wiederum deutlich machen, wie die (jetzt) allgemein-geschäftspolitischen Inhalte von Führungs- und Unternehmensgrundsätzen beschaffen sind. Begonnen sei mit dem *Zweck* der Unternehmen.

Der erste Geschäftsgrundsatz der Ford-Werke AG lautet:

Die Ford-Werke AG betreibt Geschäfte,
"um den Bedarf an Kraftfahrzeugen, Landwirtschaftsgeräten, Finanzierungsdiensten und Kommunikationsmitteln in unserer Gesellschaft zu decken" (Ford-Werke AG, 1977, S. 1).

Dieses Unternehmen grenzt hiermit deutlich sein Tätigkeitsfeld ab; danach wäre eine Erweiterung des Tätigkeitsbereiches der Ford-Werke AG um das strategische Geschäftsfeld "(z.B.) Möbelhandel" - jedenfalls ohne Änderung des ersten Geschäftsgrundsatzes - nicht möglich.

Neben der Eingrenzung des Tätigkeitsfeldes und der Darstellung des Unternehmenszwecks kann anhand dieses Beispiels die Funktion von Führungs- und Unternehmensgrundsätzen als Input einer umfassenden strategischen Planung abgeleitet werden und zwar insofern, als die unternehmenspolitischen Leitsätze den Ausgangspunkt bzw. Rahmen für den strategischen Planungsprozeß vorgeben.

Die Gefahr der ausschließlich dezentral erarbeiteten strategischen Programme oder Maßnahmen liegt darin, daß bereichsbezogene Standpunkte überbetont werden, mit der Folge wenig zusammenhängender und nur schwer in Einklang zu bringender Aktions-programme. Dadurch können sehr schnell die längerfristige Unternehmensentwicklung beeinträchtigende Strategien zum Zuge kommen. Mit den (allgemein-geschäftspolitischen) Führungs- und Unternehmensgrundsätzen läßt sich demgegenüber eine auf die Produkt-Markt-Problematik eingeengte strategische Planung überwinden, die unter anderem durch die aktuellen Planungsmethoden und hier vor allem die verschiedenen Portfolio-Methoden noch gefördert wird.

Der Vorteil der Grundsatzdokumente ist demnach darin zu sehen, daß durch sie eine erheb-lich breitere unternehmenspolitische Fragestellung aufgegriffen und zum Objekt der strategi-schen Planung wird. Insofern liefern sie die Grundlage für eine umfassende Unternehmens-politik (vgl. Gabele/Kretschmer, 1983, S. 719). Hieraus wird ersichtlich, daß eine Strategie-formulierung (-entwicklung) nur im Einklang mit dem "vorgeschalteten" Unternehmensleit-bild erfolgen kann, soll sie erfolgversprechend sein. Dieses Charakteristikum der Führungs- und Unternehmensgrundsätze (hier bezüglich des Zwecks) als strategische Stoßrichtung liegt auch dem schon zitierten ersten Geschäftsgrundsatz der Ford-Werke AG zugrunde. Ein weiteres Beispiel zur Untermauerung dieser Aussagen liefert das leistungswirtschaftliche Leitbild der SWISS CONTROL:

"Wir wollen die Sicherheit und den bestmöglichen Fluß in der Abwicklung des Luftverkehrs und setzen zu diesem Zweck ein umfassendes System der Qualitätssicherung ein" (Probst, 1989, S. 38).

Neben der Zwecksetzung des Unternehmens wird hier zugleich die Definition einer "Meta-Strategie" formuliert.

Betrachtet man alle hier untersuchten 26 Unternehmen, so kommen in deren Führungs- und Unternehmensgrundsätzen schwerpunktmäßig 3 Elemente vor, die den Zweck des Unternehmens dokumentieren (vgl. Abbildung 6; Gabele/Kretschmer, 1981, S. 60).

Aussagen zum Zweck	Anzahl der Unternehmen (n = 26)
Hersteller von Produkten und Versorgung von Märkten	15
Anerkennung gesellschaftlicher Verant-wortung des Unternehmens	13
Betrag leisten für volkswirtschaftlichen Fortschritt	4

Abb. 6: Zwecke von Unternehmen

In engem Zusammenhang mit den Zwecken einer Unternehmung stehen seine *Ziele*. Ein Unternehmen, das besonders die Damen kennen dürften, gibt in den Grundsätzen folgende Ziele bekannt:

"Die Grundsätze, die unsere Gesellschaft leiten,... sind ein Wegweiser für... kontinuierlichen Erfolg und sie sollen uns auch unverändert in Zukunft so leiten, wie sie es in der Vergangenheit getan haben:

- Menschen eine Verdienstmöglichkeit zu bieten...,
- Familien auf der ganzen Welt mit Produkten zufriedenstellen...,
- mit anderen die Früchte des Wachstums und des geschäftlichen Erfolges zu teilen,

- die positive Geisteshaltung der Menschen..., die in gegenseitiger Achtung, Zusammenarbeit und Loyalität ihren Ausdruck finden, zu wahren und danach zu handeln" (Avon Products, Inc.).

Bescheidenere, jedoch durchaus ernstgemeinte Aussagen zu den Zielen lauten:

"Wir streben ein angemessenes Wachstum des Geschäftsvolumens an, wobei eine nachhaltige Stärkung der Unternehmenssubstanz und Rentabilitätsstruktur Vorrang genießen" (Kühne & Nagel, S. 1/7).

oder:

"Hoechst will seine Zukunft sichern, indem . intensiv am Fortschritt in Wissenschaft und Technik mitgearbeitet (wird)" (Hoechst AG, 1978, S. 7).

Genaugenommen finden sich unter dieser Rubrik alle nur denkbaren Ziele. Es fanden sich in den Führungs- und Unternehmensgrundsätzen Aussagen zu den typischen *Zielen* betriebswirtschaftlicher Unternehmen (vgl. Abbildung 7; Gabele/Kretschmer, 1981, S. 65).

Aussagen zu Zielen	Anzahl der Unternehmen (n = 26)
Gewinn und Rentabilität	21
Wirtschaftlichkeit und Produktivität	11
Wachstum und Innovation	9
Selbständigkeit und Unabhängigkeit	8
Sicherheit und Risiko	7

Abb. 7: Ziele der Unternehmen

Weniger oft beziehen Unternehmen in ihre Grundsätze vorhandene und noch zu entwickelnde *Potentiale* ein. Eine Ausnahme hiervon machen forschungsintensive Branchen, wie etwa die Elektro- und Chemie-Industrie. Eigene Forschungsleitlinien in diesem Bereich (BASF, 1979) verdeutlichen den Rang der Kreativität sowie die Ausrichtung der Forschung an der Umsetzbarkeit und den Ertragserwartungen. Gerade der Forschungs- und Entwicklungsaufwand gilt heute als wichtiger Erfolgsfaktor.

Dies wird am Beispiel der diesbezüglichen Grundsätze der BASF AG deutlich, wo es heißt:

"...frühzeitig auf Marktbedürfnisse und Veränderungen der Wirtschaftsstrukturen und Rohstoffmärkte sowie der Konkurrenzsituation eingehen und Forschung, Anwendungstechnik, Vertrieb und Produktion darauf ausrichten; wachstumsstarke Abnehmerbranchen und Märkte besonders berücksichtigen..." (Gabele/Kretschmer, 1983, S. 722).

Schließlich können derzeit alle Verlautbarungen in Unternehmen ungeteilter Aufmerksamkeit sicher sein, die sich mit den Aspekten *menschlichen Verhaltens* und der Führung beschäftigen. *Führungsgrundsätze* sind in Theorie und Praxis modern. Sie widmen sich unter anderem
- der Leistungsbereitschaft,
- der Identifikation,
- der Information,
- der Beurteilung
- und der Weiterbildung des Mitarbeiters (vgl. Arbeitsring der Arbeitgeberverbände der Deutschen chemischen Industrie e. V., 1980).

Sie sind ein eminent wichtiger Bestandteil der Führungs- und Unternehmensgrundsätze. Selbst dort, wo keine umfassenderen Unternehmensgrundsätze existieren, finden sich oft ausgefeilte Führungsgrundsätze.

Im Zusammenhang mit der inhaltsanalytischen Auswertung der Führungs- und Unternehmensgrundsätze ist zu betonen, daß die genannten Kategorien nicht unverbunden nebeneinander stehen, sondern gewisse Relationen auftreten, damit das Leitbild auch als Ganzes wahrgenommen werden kann. So sind zum Beispiel mit dem Zweck auch die Ziele des Unternehmens eng verbunden, mit den Potentialen etwa die Verhaltensweisen.

Zu beachten ist weiterhin, daß mit den angegebenen Häufigkeitsverteilungen der empirischen Ergebnisse nur ein Überblick generell möglicher Inhalte von Führungs- und Unternehmensgrundsätzen gegeben wird, was heißt, daß nicht in jedem Grundsatzdokument auch alle genannten Themen angesprochen werden. Dies wäre auch nicht sinnvoll, wenn man sich vor Augen hält, daß hinter dem Leitbildentwurf die Absicht steht, eine "Unité de doctrine" im Unternehmen zu kreieren, die gleichwohl nach außen wirkt. Die Probleme einer zu hohen Regelungsdichte von Grundsätzen sind aus der allgemeinen Führungsanweisung im Harzburger Modell nur allzu bekannt (vgl. Oechsler, 1988, S. 270f.).

Kurz: "Ins Leitbild hinein gehören Aussagen über unternehmungspolitische Grundsatzentscheide und die obersten Unternehmungsziele - nicht aber Aussagen über Mittel und Maßnahmen zu deren Erreichung respektive Vollstreckung" (Bernet, 1982, S. 140). So sollte bei der Formulierung des Unternehmenszweckes die grundsätzliche Frage nach dem "Was" beantwortet werden, während das strategische Konzept die Rahmenbedingungen des "Wie" definiert.

Neben den Formalzielen sollten nur die höchsten strategischen Ziele z.B. bezüglich der Kräftekonzentration, der Risikopolitik, der angestrebten Marktstruktur, der Wachstumspolitik oder der generellen Produktpolitik als grundsätzliche Orientierungshilfen zur Erarbeitung detaillierter Strategieentscheidungen festgehalten werden (vgl. Bernet, 1982, S. 140f.). Als Beleg dafür können die in diesem Kapitel zitierten Beispiele von Führungs- und Unternehmensgrundsätzen aus der Wirtschaftspraxis gelten.

Nach diesen Ausführungen dürfte wohl deutlich geworden sein, daß allgemein-geschäftspolitische Inhalte in Führungs- und Unternehmensgrundsätzen nicht fehlen dürfen, da erst mit ihnen das Unternehmungsleitbild als Ganzes greifbar wird. Wird mit den adressatenspezifischen Inhalten "nur" das Umfeld des Unternehmens näher beschrieben, so erklären die allgemein-geschäftspolitischen Inhalte das Unternehmen quasi eo ipso, seine Absichten und sein Selbstverständnis. In ihnen kommt weitgehend die "Persönlichkeitsstruktur" des Unternehmens zum Vorschein - sie sind ein wichtiges Instrument zur "Kulturumsetzung", weil sie eben allen Unternehmensmitgliedern (aber auch "Außenstehenden") zugänglich gemacht werden (müssen!). Damit wird auch verständlich, daß Grundsätze äußerst vorsichtig erarbeitet und formuliert werden müssen. Durch die Vielzahl branchenspezifischer und betriebsindividueller Unterschiede - so viele Unternehmen, so viele Kulturen - existieren keine allgemeingültigen bzw. - anwendbaren Grundsätze. Es kann aber wohl angenommen werden, daß ihre Leistungsfähigkeit zumindest nicht gesenkt wird, wenn bei der Erarbeitung, nachfolgenden Formulierung und eventuellen späteren Revision ein gewisses Ordnungsgefüge oder Ablaufschema eingehalten wird. So ist die Unterteilung in adressatenspezifische und allgemein-geschäftspolitische Grundsätze bei einer ersten Grobanalyse durchaus sinnvoll.

4. Verbreitung von Führungs- und Unternehmensgrundsätzen

4.1 Ausgewählte empirische Forschungsergebnisse

In den letzten zwei Jahrzehnten sind eine Reihe empirischer Untersuchungen zum Themenkomplex "Führungs- und Unternehmensgrundsätze" vorgenommen worden. Allein diese Tatsache vermittelt das gestiegene Interesse an solchen Grundsatzdokumenten der Wirtschaft. Im folgenden soll an einigen ausgewählten Untersuchungen ein informativer Überblick zum Stand der Forschung in der jeweiligen Phase gegeben werden, um Entwicklungslinien auszumachen und eventuelle Kontinuitäten oder Diskontinuitäten aufzuzeigen. Die Festlegung des zeitlichen Rahmens auf die letzten 20 Jahre soll nicht etwa bedeuten, daß Führungs- und Unternehmensgrundsätze erst seit dieser Zeit aktuell sind.

Schon immer formulierten Unternehmen Grundsätze, die ihre Geschäftätigkeit näher spezifizierten. Ein interessantes Beispiel liefert hierfür das "General-Regulativ für die Firma Fried. Krupp von 1872 (!)", in dem schon recht dezidiert Grundsätze, "unter deren Anwendung der jetzt blühende Stand der Firma erreicht wurde", abgefaßt sind (vgl. ausführlich Wunderer, 1983, S. 406ff.).

Das gestiegene Interesse an Führungs- und Unternehmensgrundsätzen im deutschsprachigen Raum läßt sich an den Anfang der siebziger Jahre zurückdatieren und die konsequente Erforschung der Führungs- und Unternehmensgrundsätze stand damals noch am Anfang. Allgemein wird ein erhebliches Erkenntnisdefizit bemängelt und zwar nicht nur seitens der Theoretiker, sondern vor allem auch von erfahrenen Praktikern, die vor kurzem die Dokumente in ihren Unternehmen entwickelt haben (vgl. Kretschmer, 1982, S. 1). Aus heutiger Sicht ist dieses Erkenntnisdefizit erheblich kleiner geworden und die Erforschung von Führungs- und Unternehmensgrundsätzen weit vorangeschritten. Informationen über ihre Verbreitung lassen sich aus folgenden empirischen Untersuchungen gewinnen:

Eine vergleichende Auswertung von vier empirischen Untersuchungen aus dem Jahre 1973, 1979, 1980 und 1981 ergab folgendes Bild (vgl. Gabele/Kretschmer, 1986, S. 15ff.):

• Während Töpfer 1973 (vgl. Töpfer, 1973, S. 280) bei 33,5 % der antwortenden Unternehmen (n = 355) schriftlich fixierte Führungs- und Unternehmensgrundsätze ermitteln konnte, stieg dieser Prozentsatz bei

- Kreikebaum/Grimm 1979 (vgl. Kreikebaum/Grimm, 1980, S. 517ff.) auf 43,5% bezüglich der Unternehmensgrundsätze und auf 43% bei Führungsgrundsätzen (n = 223).

- 1980 befragte Fiedler (vgl. Fiedler, 1980, S. 123) 359 deutsche Unternehmen, von denen 46% schriftliche Führungs- und Unternehmensgrundsätze oder zumindest eines der beiden Dokumente erarbeitet hatten. Der positive Trend setzte sich demnach fort und letztendlich hatten mehr als Zwei Drittel der Firmen Grundsätze verabschiedet oder ihre Erstellung geplant.

- Ein sehr optimistisches Bild ergibt sich ebenfalls aus einer veröffentlichten Untersuchung des Instituts für Betriebswirtschaftslehre an der Hochschule St. Gallen aus dem Jahre 1981 (vgl. Ulrich, 1981b, S. 33ff.). 58% von 352 analysierten schweizerischen Unternehmen hatten schriftliche unternehmenspolitische Leitsätze verabschiedet, wobei mit zunehmender Unternehmensgröße die Verbreitung der Dokumente anstieg. Aber auch 46% der Firmen mit weniger als 200 Mitarbeitern gaben an, derartige Grundsätze erarbeitet zu haben.

Wenn auch die vergleichende Auswertung der vorgestellten empirischen Untersuchungen an verschiedenen Grundgesamtheiten vorgenommen wurde, so ist eindeutig festzustellen, daß die Verbreitung von Führungs- und Unternehmensgrundsätzen erheblich zugenommen hat.

Interessant und erfreulich zugleich ist, daß nicht nur die Großkonzerne bemüht sind, Führungs- und Unternehmensgrundsätze zu formulieren, sondern auch der Mittelstand - tragende Säule einer gesunden Volkswirtschaft - sich dieser Richtung anschließt. Dieser Trend scheint sich über die Mitte der achtziger Jahre hinweg fortzusetzen. Aufschluß darüber gibt eine 1985 am Institut für Automation und Operations Research der Universität Fribourg durchgeführte explorative Studie über Leitbilder in der schweizerischen Wirtschaft (vgl. Grünig, 1988, S. 254f.). Die Aufschlüsselung der Unternehmen nach Art und Anzahl brachte bezüglich der Leitbildformulierung folgende Ergebnisse (vgl. Abbildung 8):

Art und Anzahl der Unt. / Leitbild	sehr große 27	große 25	mittlere und kleine 10	total n = 62
1970	22 %	12 %	0 %	15 %
1975	30 %	28 %	30 %	21 %
1980	52 %	52 %	30 %	48 %
1985	85 %	84 %	60 %	81 %

Abb. 8: Zunahme der Verbreitung von Leitbildern in Abhängigkeit von der Unternehmensgröße (Kriterium für Größeneinteilung: Umsatz/Bilanzsumme)

Von den 62 Unternehmen unterschiedlichster Größe und Branchen konnten 1970 nur 15%
ein Leitbild vorweisen. Auffällig ist dabei, daß von den mittleren und kleinen untersuchten
Unternehmen, dem Mittelstand also, zu diesem Zeitpunkt noch kein einziger Betrieb
Führungs- und/oder Unternehmensgrundsätze formuliert oder eingeführt hatte.

Die Erklärung hierfür mag zum einen in den begrenzten finanziellen und personellen
Möglichkeiten des Mittelstandes gegenüber den Großunternehmen gesucht werden, deren
Budget und Personalbestand schon eher die Erarbeitung, Formulierung und Revision von
Führungs- und Unternehmensgrundsätzen zuläßt; sie übernahmen somit die "Vorreiterrolle"
für den Mittelstand. Zum anderen hat die Diskussion um Führungs- und
Unternehmensgrundsätze die deutschsprachige betriebswirtschaftliche Führungsforschung
erst zu Anfang der siebziger Jahre und verstärkt seit 1975 erfaßt, so daß deren
Forschungsergebnisse zu einem späteren Zeitpunkt in die Wirtschaftspraxis eingeflossen
sind und erst dann von den mittleren und kleinen Unternehmen verwertet werden konnten.

1975 betrug der Anteil der Unternehmen mit einem Leitbild bereits 21% und bis 1980 stieg er auf 48%, wobei zu diesem Zeitpunkt die mittleren und kleinen Unternehmen immerhin mit 30% vertreten waren, womit die vorstehende Vermutung bekräftigt wird.

Zum Zeitpunkt der Durchführung der Studie (1985) fällt im Vergleich zu 1981 auf, daß "Grundsatzdokumente" (Unternehmensgrundsätze) im Gesamt-Sample in 81% aller Unternehmen vorhanden sind, wobei auf die vorsichtige Bewertung der ausgewählten Stichprobenverfahren und der Repräsentativität der Grundgesamtheiten hier nochmals hingewiesen werden muß. Es sei allerdings deutlich festgehalten, daß in dieser Studie ausschließlich schweizerische Unternehmen befragt wurden.

Als Ergebnis dieser Studie kann festgehalten werden, daß die Leitbilder in Großunternehmen tendenziell früher eingeführt wurden und zum Zeitpunkt der Untersuchung dort auch stärker verbreitet sind als in Mittel- und Kleinbetrieben; doch geben die Zahlen für 1985 (60%) der Hoffnung Ausdruck, daß der Mittelstand im eigenen Interesse bemüht ist, diesbezügliche Defizite aus der Vergangenheit aufzuarbeiten und zu beseitigen.

Wie sieht es nun mit dem Verbreitungsgrad von Führungs- und Unternehmensgrundsätzen gegen Ende der 80er Jahre aus? Hierüber gibt eine 1989 von Hoffmann durchgeführte Studie Aufschluß (vgl. Hoffmann, 1989, S. 169ff.).

Im Ergebnis dieser Studie läßt sich zunächst der durchweg positive Trend zu diesem Themenkomplex nicht bestätigen (vgl. Abbildung 9).

• Unternehmen mit Grundsätzen	56 %
• Unternehmen in der Planungs- und/oder Ausarbeitungsphase	22 %
• Unternehmen mit ablehnender Haltung	8 %

Abb. 9: Verbreitungsgrad von Grundsätzen

Grundlage dieser Ergebnisse war eine Stichprobe, die die hundert größten Industrie-unternehmungen, die größten Banken und Versicherungen sowie die größten Handelsunternehmungen der Bundesrepublik Deutschland einbezog (Rücklaufquote 49%). Es ist zwar hypothetisch, aber dennoch zu bedenken, ob diese Ergebnisse bei Berücksichtigung mittelständischer Betriebe nicht deutlich anders ausgefallen wären.

Der vordergründig abnehmende Trend im Vergleich zu den vorangestellten Studien kann insofern relativiert werden, als eine branchenbezogene Analyse einen auffällig hohen Anteil von 82% der Unternehmungen mit schriftlich fixierten Grundsätzen in den Wirtschaftszweigen chemische Industrie, Automobilindustrie sowie bei Banken und Versicherungen dokumentiert. Lediglich der Handel bleibt mit ca. 33% fixierter Grundsätze unterdurchschnittlich.

Erweitert man darüber hinaus den Kreis der "Unternehmen mit Grundsätzen" um solche, die "in der Planungs- und Ausarbeitungsphase sind" sowie "das Thema Grundsätze in Zukunft aufgreifen wollen", so setzt sich der eingangs festgestellte positive Trend hier mit 92% (!) (56% + 22% + 14%) durchaus fort (vgl. Hoffmann, 1989, S. 171f.).

Bei Berücksichtigung der kritischen Grundhaltung Hoffmanns lassen die vorangestellten empirischen Ergebnisse zwei Interpretationsmöglichkeiten zu:

1. Die Diskussion um "Grundsätze" ist in der Unternehmenspraxis noch keineswegs abgeschlossen. 1989 verfügen nur 56% der untersuchten Unternehmungen über schriftlich fixierte Grundsätze (vgl. Hoffmann, 1989, S. 171) (*pessimistische Trendinterpretation*).

2. Seit Anfang der siebziger Jahre ist bis heute der Verbreitungsgrad der Führungs- und Unternehmensgrundsätze erheblich gestiegen. Allein die zahlenmäßige Betrachtung legt die wohl berechtigte Vermutung nahe, daß in den "Grundsätzen" ein Instrument der Unternehmensführung erkannt wurde, um (bessere) Anworten auf die Fragen einer "kritischen" Gesellschaft und Belegschaft zu geben (*optimistische Trendinterpretation*).

4.2 Erste Schlußfolgerungen aus den empirischen und theoretischen Forschungsbemühungen

Die bisherigen Bemühungen der empirischen und theoretischen Forschung auf dem Gebiet der Führungs- und Unternehmensgrundsätze lassen sich nunmehr in einem Zwischenergebnis wie folgt zusammenfassen:

- Zwischen dem vielbeachteten Wertewandel der Gesellschaft und der zunehmenden Verbreitung von Führungs- und Unternehmensgrundsätzen existiert ein zeitlicher Entstehungszusammenhang. Wie sonst sollte der empirisch nachgewiesene sprunghafte Anstieg von Grundsatzdokumenten in den vergangenen 15 Jahren erklärt werden? Deshalb lassen sich die Gründe für die geradezu euphorische Auseinandersetzung mit Führungs- und Unternehmensgrundsätzen ziemlich eindeutig in den gesellschaftlichen Veränderungen lokalisieren. Von hier gingen dann sehr bald auch Rückwirkungen auf die innerbetriebliche Zusammenarbeit aus. Am häufigsten formulierten Unternehmen, die verstärkt öffentlicher Kritik ausgesetzt waren und noch sind, Grundsatzdokumente.

- Führungs- und Unternehmensgrundsätze beschäftigen sich entweder ausschießlich mit

    - den Adressaten, für die sie Regeln aufstellen wollen,
    - allgemein-geschäftspolitischen Grundsätzen
    - oder sie gehen sowohl auf die Adressaten als auch auf die allgemein-geschäfts-politischen Grundsätze ein.

Diese Grundpfeiler durchziehen alle Führungs- und Unternehmensgrundsätze mit mehr oder minder starker Intensität. Dabei sind

- *Unternehmensgrundsätze* im Vergleich zu *Führungsgrundsätzen* umfassender. Sie beschäftigen sich mit mehreren Adressaten zugleich. In ihnen soll der Kurs eines Unternehmens auf konzeptioneller Ebene festgelegt werden. Sie klären keine Detailfragen; es gilt vielmehr, ein realistisches Zukunftsbild für die Unternehmensentwicklung zu konzipieren (vgl. Gabele/Kretschmer, 1983, S. 717). Sie sind die Willenserklärung und der Identitätsausweis eines Unternehmens und beschreiben seine Zwecksetzung (vgl. Probst, 1989, S. 36).

- Demgegenüber sind *Führungsgrundsätze* ein spezieller Teil, ein kleinerer Ausschnitt der Unternehmensgrundsätze. Sie beschäftigen sich mit Führungs- und Verhaltensproblemen im Unternehmen. Als Teil der Unternehmensgrundsätze müssen sie "ins (Leit-) Bild passen". Sie können dazu beitragen, daß das (positive) Unternehmungsleitbild auch wirklich eine realitätsgetreue Abbildung der Unternehmung darstellt, indem sie "im Inneren" das bewirken, was "nach Draußen" scheinen soll (vgl. zu Führungsgrundsätzen und deren Definition ausführlich Wunderer/Klimecki, 1990, S. 9ff.; zu den speziellen Inhalten von Führungsgrund-sätzen vgl. auch ausführlich Breisig, 1987, insbesondere S. 212ff.).

• Trotz der Formulierung von Führungs- und Unternehmensgrundsätzen benötigten die Unternehmen eine beträchtliche Zeit, um die teilweise falsch wahrgenommene Verschlechterung ihres Bildes in der Öffentlichkeit aufzuhalten. Vermutlich hängt dies in erster Linie mit dem angeschlagenen Selbstverständnis aber auch den teilweise fragwürdigen Geschäftspraktiken einiger Unternehmen zusammen.

• Desweiteren zwang das anhaltende Wachstum der meisten Firmen in den sechziger Jahren zur Formulierung von Unternehmensgrundsätzen; vornehmlich in der Absicht, ein Auseinanderdriften der einzelnen Firmenteile zu verhindern.

Die rapiden Änderungen an den Rohstoffmärkten veranlaßten die Unternehmen, nunmehr das Steuerrad wieder selbst in die Hand zu nehmen. Begonnen hatte dies mit dem Bemühen einiger überbetrieblicher Institutionen, allgemein-verbindliche Verhaltensregeln zu formulieren (vgl. Plesser, 1975, S. 121-125). Ihre unveränderte Übernahme ließ neue Abhängigkeiten und bürokratischen Ballast erwarten. Wohl deshalb machten sich die Unternehmen daran, ihre Grundsätze selbst, betriebsindividuell zu "stricken"; zweifellos mit gewissen Mängeln, jedoch auch beträchtlichen Vorteilen.

5. Leistungsfähigkeit von Führungs- und Unternehmensgrundsätzen

5.1 Chancen von Führungs- und Unternehmensgrundsätzen

Es wäre zweifellos übereilt, die zu erwartenden Effekte der Führungs- und Unternehmensgrundsätze vorschnell einseitig positiv oder negativ einzuschätzen. Immerhin wird ihre Leistungsfähigkeit von den an sich in dieser Frage schon skeptisch eingestellten amerikanischen Managern insgesamt doch recht positiv beurteilt, wie aus Abbildung 10 leicht zu ersehen ist (Thompson, 1958, S. 18). (vgl. Abbildung 10).

Zeitverschwendung, keine Hilfe	2 %
Abklärung eigener Ideen	88 %
Wirksamere Geschäftspolitik	37 %
Verbesserte Zusammenarbeit	26 %
Verbesserte Kommunikation und Öffentlichkeitsarbeit	19 %

Abb. 10: Effekte von Führungs- und Unternehmensgrundsätzen

Beeindruckend wenige Manager glauben, es sei reine Zeitverschwendung, sich mit Führungs- und Unternehmensgrundsätzen zu beschäftigen. Vielmehr seien diese wichtig zur Abklärung eigener Ideen; sie förderten zudem die gesamte Geschäftspolitik und verbesserten die Zusammenarbeit im Betrieb ebenso wie mit der Öffentlichkeit.

Die erkennbaren Vorzüge einer sorgfältigen Aufstellung von Führungs- und Unternehmensgrundsätzen können unter anderem wie folgt beschrieben werden (zum folgenden vgl. ausführlich Gabele/Kretschmer, 1986, S. 166f.):

(1) Chancen liegen zum einen darin, daß mit Hilfe sorgfältig erarbeiteter Führungs- und Unternehmensgrundsätze Leitbilder entwickelt werden, die in allererster Linie auf eine *Gesamtorientierung* der Unternehmenspolitik abstellen. Führungs- und Unternehmensgrundsätze verdrängen Insellösungen zugunsten von Verbundeffekten. Einsame "Fürstentümer" stehen nicht so hoch im Kurs. Gute Führungs- und Unternehmensgrundsätze *integrieren*; sie stärken den Blick fürs Ganze. Gefragt sind Konzepte der

abgestimmten Unternehmensführung; Partizipation ist bis zu einem gewissen Grade unumgänglich.

(2) Chancen der Einführung von Führungs- und Unternehmensgrundsätzen liegen ferner in der Berücksichtigung *kultureller Gegebenheiten*. Sie arbeiten die Geschichte des Unternehmens bis in die Gegenwart ebenso auf wie die damit eng verknüpften Beziehungen zur näheren und ferneren Umwelt. Sie vermindern eine Abkopplung vom gesellschaftlichen Geschehen.

(3) Gute Führungs- und Unternehmensgrundsätze bieten des weiteren Ansatzpunkte für die Entwicklung von *Strategien*. Sie liefern Informationen über:
   - Zwecke (Tätigkeitsbereiche)
   - Ziele,
   - Potentiale und Verhaltensweisen
   sowie über die Bedürfnisse und Interessen der vom Unternehmensgeschehen Betroffenen oder direkt an ihm Beteiligten. Selbstverständlich bewegen sich derartige Informationen auf einem noch recht generellen Niveau, das es zu verfeinern gilt.

(4) Schließlich können gute Führungs- und Unternehmensgrundsätze eine zukunftsorientierte *Unternehmensentwicklung* begünstigen. Man mag die Chancen dafür gering einschätzen, zumal in einer Zeit, in der beträchtliche Veränderungen erwartet werden. "Den Kopf in den Sand zu stecken" wäre gerade deshalb wohl die falscheste Alternative. Mit dem Instrument Führungs- und Unternehmensgrundsätze bliebe selbst bei wankenden Inhalten immerhin noch ein Forum übrig, das zum regen Informationsaustausch, zum gegenseitigen Nachdenken und zu Gesprächen an einem Tisch animierte. Immerhin vermöchte man darin eine Art "institutionalisierte Frühaufklärung" erblicken.

In jüngerer Zeit erlangen Führungs- und Unternehmensgrundsätze auch im Zusammenhang mit Corporate-Identity-Strategien bzw. Corporate-Identity-Politik von Unternehmen besondere Bedeutung. In einer empirischen Studie zum Stand der Corporate-Identity-Politik in der Bundesrepublik Deutschland, in Österreich und der Schweiz gelangte Höfner zu dem Ergebnis, daß Führungs- und Unternehmensgrundsätze in solchen Unternehmen, die Corporate-Identity-Politik (sogenannte CI-Strategen) betreiben, einen zentralen Stellenwert in bezug auf die Identitätsvermittlung und -gestaltung des Unternehmensgeschehens einnehmen (vgl. Höfner, 1989, S. 62f.): "In vielen Unternehmen verpuffen oft die zu isoliert betriebenen Aktivitäten zur Differenzierung des Unternehmens (etwa in den Bereichen Werbung und Produktpolitik) in ihrer Wirkung, weil das übergeordnete Ganze fehlt, an dem sie sich auszurichten haben" (Höfner, 1989, S. 62). Hier können Führungs- und Unternehmensgrundsätze Abhilfe schaffen, indem sie als verbindende Klammer für die im einzelnen zu ergreifenden CI-Maßnahmen fungieren.

Darüber hinaus konnte im Zusammenhang mit einer weitergehenden Analyse dieser empirischen Studie festgestellt werden, daß die Aktienkurse der untersuchten *börsennotierten* Unternehmen, die eine differenzierte CI-Politik betrieben, zwischen 1980 und 1988 mit einer Steigerung von 122 % einen nahezu doppelt so hohen Anstieg erzielen konnten gegenüber Unternehmen ohne CI-Konzept (vgl. Höfner, 1989, S. 65). Als flankierende Maßnahme einer CI-Strategie können Führungs- und Unternehmensgrundsätze somit als zumindest wettbewerbsbeeinflussender Faktor betrachtet werden.

Diese Ausführungen haben deutlich gemacht, daß mit Führungs- und Unternehmensgrundsätzen erhebliche Chancen einer erfolgreichen und effizienten Unternehmensführung verbunden sein können. Wo sich Chancen auftun, muß allerdings auch mit Gefahren und Risiken gerechnet werden.

5.2 Gefahren von Führungs- und Unternehmensgrundsätzen

In dieses hohe Lied der Unternehmensgrundsätze mischen sich bei genauerer Analyse individueller Firmenleitbilder einige Moll-Töne ein. Mit Schreyögg und Lay könnte man etwa annehmen, strikt formulierte Führungs- und Unternehmensgrundsätze (starke Unternehmenskulturen) erzeugten eine Art geschlossenes System mit der inhärenten Tendenz, das Unternehmen von seiner Umwelt abzuschotten und systemkritische Stimmen zu unterdrücken (vgl. Schreyögg, 1989, Lay, 1991). Ferner stellt sich hin und wieder heraus, wie einige Unternehmen Grundsätze anderer unverändert übernehmen. Auch bereits in Ehren ergraute, jedoch längst nicht mehr aktive Führungskräfte müssen nicht selten ihre Beraterhonorare teilweise durch Formulierung von Grundsatzdokumenten rechtfertigen. Man braucht sich deshalb kaum zu wundern, wenn solche ausschließlich am Schreibtisch entworfenen Führungs- und Unternehmensgrundsätze eben blutleer bleiben, weil sich kein Mensch danach richtet. "Sie werden einmal gelesen - dann bestimmt nicht mehr!", wie ein Insider meinte.

An diesem abschreckenden Beispiel kann verdeutlicht werden, wie wichtig eine gut durchdachte und konzipierte *Einführung* von Führungs- und Unternehmensgrundsätzen in

46

Unternehmen ist. In Theorie und Praxis herrscht weitgehend Einigkeit darüber, daß Fragen der Erarbeitung und Einführung auch in Zukunft die größte Aufmerksamkeit verdienen - und nicht die längst schon positiv beantwortete Frage: Leitbild ja oder nein.

Daß mit der Einführung von Führungs- und Unternehmensgrundsätzen, trotz "vernünftiger" Inhalte derselben, Risiken oder *Stolpersteine* verbunden sein können, die keine Verhaltenswirkungen der Grundsatzdokumente erwarten lassen, sei eingehender verdeutlicht (vgl. dazu ausführlich Gabele, 1982b, S. 195ff.).

Ein *erster* Stolperstein ist im einseitigen Versuch der Unternehmensleitung zu sehen, Führungs- und Unternehmensgrundsätze quasi von außen aufzupropfen. Nicht selten handelt es sich dabei um fremde Konzepte, die an den Bedürfnissen des eigenen Hauses vorbeigehen können.

Ein *zweiter* Stolperstein kann die unzureichende Beteiligung von Personen im Unternehmen sein. Werden die Mitarbeiter ausgeschlossen, leisten sie mit großer Wahrscheinlichkeit Widerstand; kann die Unternehmensleitung nicht von vornherein für das Projekt gewonnen werden, versandet es frühzeitig. In solchen Fällen scheitern selbst verantwortungsbewußte und aktive Projektgruppen.

Ein *dritter* Stolperstein kann daraus erwachsen, daß die Unternehmensleitung die erstellten Führungs- und Unternehmensgrundsätze für sich selbst nicht akzeptiert. Bedenkt man, daß insbesondere vom Top-Management die Formulierung von Grundsatzdokumenten ausgeht, so stimmt dies bedenklich. Eine empirische Studie soll darüber näher Aufschluß geben:

In einem von der Deutschen Forschungsgemeinschaft geförderten Projekt wurden Grundsätze-Dokumente von insgesamt 52 Organisationen analysiert (vgl. Gabele, 1984b, S. 13ff.). Dabei stellte sich - wie schon eingangs herausgearbeitet - vor allem ein starkes Interesse der Führungs- und Unternehmensgrundsätze am Mitarbeiter heraus. Etwas weniger häufig als der Mitarbeiter standen Kunden und Produkt zur Diskussion. Ferner bildeten Umwelt und Gesellschaft eine beachtliche Adressatengruppe, vor allem bei Unternehmen, die verstärkt öffentlicher Kritik ausgesetzt waren oder es immer noch sind.

Sieht man sich die formulierten Führungs- und Unternehmensgrundsätze inhaltlicher genauer an und vergleicht sie mit den *Werthaltungen* derselben Manager, so tun sich überraschende Einsichten auf, die in Abbildung 11 überblickartig dargestellt sind (vgl.

Gabele, 1983a, S. 326ff., ferner Ulrich, 1985, S. 139ff.; zu unterschiedlichen Werthaltungen in Abhängigkeit von der Firmengröße vgl. Gabele, 1983b, S. 125ff.).

Unternehmens- und Führungs-grundsätze		Werthaltungen	
Aussagen-schwerpunkte:	Beurteilung:	Aussagen-schwerpunkte:	Beurteilung:
• zum Mitarbeiter:	äußerst positiv	• zum Manager-Mitarbeiter-Verhältnis:	negativ
• zum Kunden:	steht im Mittelpunkt	• fehlen!	
• zum Verhältnis Aktionär/Eigentümer:	Ausgleich wird angestrebt	• zum Verhältnis Firmenwohl/Allgemeinwohl:	Firmenwohl geht vor
• zur Gesellschaft:	für Engagement	• zur Gesellschaft:	gegen Engagement
• zu allgemeingesellschaftpolit. Absichten:	für Flexibilität	• zur Veränderungsbereitschaft:	gegen Flexibilität

Abb. 11: Vergleich der Führungs- und Unternehmensgrundsätze mit Werthaltungen (aus: Gabele, 1983a, S. 330).

Die Führungs- und Unternehmensgrundsätze sehen den Mitarbeiter äußerst positiv, motiviert, am Unternehmensgeschehen interessiert, konsensorientiert und kompromißfähig. Die Werthaltungen der Führungskräfte vermitteln demgegenüber ein davon abweichendes Bild: Der Mitarbeiter muß autoritär angefaßt werden, beispielsweise dürfen Manager Rechtfertigungen ihrer Handlungen Untergebenen gegenüber verweigern; sollten Manager eindeutige Über-/Unterordnungsverhältnisse anstreben. Dem Kunden widmen Führungs- und Unternehmensgrundsätze relativ viel Raum; in den Werthaltungen der Manager kommt die Beziehung zum Kunden nicht zum Vorschein.

Das Verhältnis: Aktionär/Eigentümer/Mitarbeiter/Manager usw. behandeln die Führungs- und Unternehmensgrundsätze, indem sie einen Ausgleich anstreben; demgegenüber betont die viel breiter angelegte Relation: "Firmenwohl versus Allgemeinwohl" den Vorrang des Firmenwohls vor dem Allgemeinwohl. Gegenüber der Gesellschaft verpflichten sich die

Unternehmen in den Grundsätzen für redliches Engagement; in den Werthaltungen sprechen sie sich gegen gesellschaftspolitisches Engagement aus. Hiermit kann auch der wachsende Druck einer zunehmend kritischen Öffentlichkeit auf die Unternehmen begründet werden.

Ohne jede Einschränkung bekennen sich Unternehmen in den Führungs- und Unternehmensgrundsätzen zur Flexibilität, während die Werthaltungen das genaue Gegenteil zum Ausdruck bringen: Keine Veränderungsbereitschaft. Das Verharren auf einem Status-quo versperrt aber den Blick nach vorn. In einer Zeit des permanenten Wandels mit laufend veränderten Lebensbedingungen, nicht nur des wirtschaftlichen Handelns, kann es sich kein Unternehmen leisten, auf Erreichtem auszuruhen.

Die Ergebnisse dieser empirischen Studie können dahingehend interpretiert werden, daß in Organisationen offensichtlich zwei verschiedene Leitbildtypen existieren. Die berechtigte Vermutung der "Deckungsgleichheit" von Führungs- bzw. Unternehmensgrundsätzen (Leitbildtyp 1) und Werthaltungen von Führungskräften (Leitbildtyp 2) kann demnach nicht bestätigt werden. Zwischen "Sollen" und "Sein" bzw. "Denken" und "Tun" existiert eine Lücke, die durch die Führungs- und Unternehmensgrundsätze bis dato (noch!) nicht ausgefüllt wird. Der Vergleich beider Typen von Leitbildern deutet auf ein *Leitbildparadoxon* hin.

Allerdings muß daraus nicht unmittelbar folgen, daß die Unternehmung wie eine gespaltene Person agiert oder mit zwei Zungen spricht. Ebensowenig läßt sich der direkte Schluß ziehen, Führungs- und Unternehmensgrundsätze seien nichts als dahingeschleuderte Lippen-bekenntnisse, ein bedeutungsloser Mythos. Denn Leitbilder haben zunächst einmal eben doch einiges gemein mit Idealen, die man anstrebt, und vielleicht gibt es Hierarchien von Idealen in der Form, daß Werthaltungen weiter von den hehren Idealen entfernt sind als Führungs- und Unternehmensgrundsätze.

Ein *vierter* Stolperstein ist die fehlende Organisation der Einführung von Grundsatzdoku-menten (vgl. dazu ausführlich Gabele, 1982b, Seite 195f.).

Ein *fünfter* Stolperstein bei der Einführung von Führungs- und Unternehmensgrundsätzen ist die Anwendung unzureichender methodischer Hilfsmittel; entweder sind verfügbare Methoden wie Befragungen von Mitarbeitern und Kunden, Kommunikationstechniken, strategische Analysen überhaupt nicht oder oft falsch eingesetzt worden.

Ein *sechster* Stolperstein ist in der Wahl der Formulierungen zu erblicken. In einigen Unternehmen konnte man sich nicht auf geeignete Formulierungen einigen; oder man wählte schließlich so allgemeine Aussagen, bis das erstellte Dokument schließlich inhaltsleer und nichtssagend war.

Ein *siebter* Stolperstein sind fehlende Maßnahmen der Verbreitung von Führungs- und Unternehmensgrundsätzen im eigenen Hause und außerhalb des Betriebes.

Ein *achter* Stolperstein sind fehlende Maßnahmen der Information und der Aufklärung. Einige Mitarbeiter und Kunden müssen genauer über die Bedeutung der verabschiedeten Grundsätze unterrichtet werden, zumal dann, wenn sie beim Prozeß der Erarbeitung nicht beteiligt wurden.

Ein *neunter* Stolperstein wären Führungs- und Unternehmensgrundsätze, die Leistungen forderten, die niemand zu erbringen in der Lage sein würde. Sie erreichten sicherlich das Gegenteil von dem, was ursprünglich beabsichtigt war. Der Grund liegt in der Überforderung der Mitarbeiter und Führungskräfte.

Ein *zehnter* Stolperstein ist schließlich die Vernachlässigung der Tradition und Kultur des Hauses.

Die vorstehenden Aufzählungen möglicher Gefahren und Risiken zeigen die Schwierigkeiten, die mit der Einführung von Führungs- und Unternehmensgrundsätzen verbunden sein können. Doch stolpern heißt nicht fallen! Selbst wenn hier und da Fehler bei der Einrichtung von Führungs- und Unternehmensgrundsätzen gemacht werden, lassen sie sich im Prozeß der Organisationsentwicklung oft wieder auffangen, zumindest jedoch abschwächen.

5.3 Anforderungen an leistungsfähige Führungs- und Unternehmensgrundsätze

Aus der Beschreibung der Chancen und Risiken von Führungs- und Unternehmensgrundsätzen können abschließend Anforderungen an funktionsfähige Grundsatzdokumente abgeleitet werden, die diese aus theoretischer Sicht erfüllen müssen:

1. Sie sollten die eigenen Grenzen des Unternehmens aufzeigen und explizit Prioritäten setzen.

2. Sie sollten die Werthaltungen und Interessen verschiedener Gruppen auf einen gemeinsamen Nenner bringen, wenigstens einen Rahmen für den fälligen Interessenausgleich schaffen.

3. Sie sollten intern und extern über Absichten des Unternehmens informieren und damit die Orientierung des Unternehmens verbessern.

4. Sie sollten bewußt eine reale Utopie propagieren, um die gegenwärtige Situation zu verbessern und erwartete Zukunftsprobleme zu meistern.

5. Sie sollten eine spezifische Unternehmenskultur verwirklichen und diese weiter entwickeln helfen.

6. Sie sollten in einem intensiven Prozeß erarbeitet, verständlich gemacht, weitergegeben und überprüft werden.

Gute Führungs- und Unternehmensgrundsätze liefern zum einen quasi ein "Röntgenbild" des Unternehmens als Persönlichkeit; sie durchleuchten den Gesamtzustand des "Knochenbaus" und zeigen dann hoffentlich wenig dunkle Flecken.

Gute Führungs- und Unternehmensgrundsätze senden zum anderen mannigfache Impulse und Informationen über die Mitarbeiter im Betrieb und zwischen Betrieb und Gesellschaft. Sie müßten insbesondere in der Lage sein, ein Bild des Unternehmens darzustellen, daß draußen möglichst realitätsgetreu wahrgenommen werden kann.

Ohne Zweifel sind die genannten Anforderungen alles andere als anspruchslos. Träfe dies zu, so nützten die so konzipierten Führungs- und Unternehmensgrundsätze wenig; sie wären keine wirksame Hilfe bei der Steuerung des Unternehmens.

6. Führungs- und Unternehmensgrundsätze: Hilfestellung bei der Bewältigung innerbetrieblicher und gesellschaftlicher Entwicklungen

Die Bedeutung von Führungs- und Unternehmensgrundsätzen wächst in dem Maße, wie diese in der Lage sind, gleichermaßen akute innerbetriebliche und gesellschaftliche Entwicklungen bewältigen zu helfen. Insofern können die in Abschnitt 4.2 als vorläufig erachteten Einsichten jetzt nachdrücklich unterstrichen werden.

Führungs- und Unternehmensgrundsätze sind keineswegs nur vergangenheitsorientiert; ihr Hauptaugenmerk liegt auf der Zukunft. Allerdings auf einer Zukunft, die die Unternehmen selbst mitgestalten wollen. Deshalb spielen Ideologien, Wertvorstellungen, Präferenzen ebenso eine Rolle wie die gesellschaftliche Verantwortung des Unternehmens.

Wie auch immer Führungs- und Unternehmensgrundsätze praktisch gehandhabt werden, sie liefern entscheidenden Input für die langfristige, strategische Planung und die Geschäftspolitik.

Anstrengungen bei der Erarbeitung von Führungs- und Unternehmensgrundsätzen erleichtern die späteren Planungsbemühungen beträchtlich. Insbesondere dürften sie - wegen der grundsätzlich weiteren Perspektiven - die in der Vergangenheit zu beobachtende, nahezu ausschließliche Innenorientierung der Betriebe verhindern. Von Führungs- und Unternehmensgrundsätzen müssen daneben Hilfen für eine adäquate Bewältigung gesellschaftlicher Entwicklungen erwartet werden.

Literaturverzeichnis

Albach, H., Welche Aussagen lassen Führungsgrundsätze von Unternehmen über die Auswirkungen gesellschaftlicher Veränderungen auf die Willensbildung in Unternehmen zu?, in: Albach, H./Sadowski, D. (Hrsg.), Die Bedeutung gesellschaftlicher Veränderungen für die Willensbildung in Unternehmen, Berlin 1976, S. 739-764

Albach, H., Die Bedeutung gesellschaftlicher Veränderungen für die Willensbildung in Unternehmen, Berlin 1976

Ansoff, I., Beherrschung des Wandels druch Flexibilität, in: Baur, G./Löwe, C. (Hrsg.), Unternehmenssicherung durch Führung - Im Spannungsfeld wirtschaftlicher Dynamik und sozialer Entwicklung, Bern/Stuttgart 1978, S. 113-130

Arbeitsring der Arbeitgeberverbände der deutschen chemischen Industrie e.V., Führungskonzepte, 2. unveränderte Aufl., Wiesbaden 1980

Attenhofer, M. W., Führen mit Leitbild, Grundsätzen und Strategien, in: Management-Zeitschrift Industrielle Organisation, 5, 59, 1990, S. 27-31

BASF AG, Unternehmensleitlinien, Ludwigshafen 1979

Bartenstein, R., Aktuelle unternehmenspolitische Zielvorstellungen - Eine Dokumentenanalyse, Winterthur 1978

Baumhart, R.C., How Ethical are Businessmen?, in: Harvard Business Review, July/August, 39, 1961, S. 6-19, S. 156-176

Baur, G./Löwe, C. (Hrsg.), Unternehmenssicherung durch Führung - Im Spannungs-feld wirtschaftlicher Dynamik und sozialer Entwicklung, Bern/Stuttgart 1978

Bernet, B., Das Unternehmungsleitbild als Führungsinstrument, in: Management-Zeitschrift Industrielle Organisation, 3, 52, 1982, S. 137-142

Bertelsmann AG, Unternehmensverfassung, o.O. 1980

Blum, R./Steiner, M. (Hrsg.), Aktuelle Probleme der Marktwirtschaft in gesamt- und einzelwirtschaftlicher Sicht, Berlin 1984

Brantl, S., Management und Ethik - Unternehmenspolitische Rahmenplanung und moralisch-praktische Rationalisierung der Unternehmensführung, München 1985

Brauchlin, E., Unternehmensphilosophie, in: Management-Zeitschrift Industrielle Organisation, 1, 48, 1979, S. 42-46

Brauchlin, E. (Hrsg.), Konzepte und Methoden der Unternehmensführung - Ergebnisse, Folgerungen und Empfehlungen aus einer Umfrage in der schweizerischen Industrie, Stuttgart 1981

Brauchlin, E., Krisenbewußtsein und Krisenbewältigung: Anforderungen an die Unternehmungen, in: Siegwart, H./Probst, G.J.B. (Hrsg.), Mitarbeiterführung und gesellschaftlicher Wandel: Die kritische Gesellschaft und ihre Konsequenzen für die Mitarbeiterführung, Bern/Stuttgart 1983, S. 49-70

Brauchlin, E., Schaffen auch Sie ein Unternehmungsleitbild, in: Management-Zeitschrift Industrielle Organisation, 7/8, 53, 1984, S. 313-317

Breisig, T., Führungsmodelle und Führungsgrundsätze - verändertes unternehmerisches Selbstverständnis oder Instrument der Rationalisierung?, Spardorf 1987

Brenner, St. N./Molander, E. A., Is the Ethics of Business Changing?, in: Harvard Business Review, January/February, 55, 1977, S. 57-71

Czisnik, U./Wältner, J., Führungsgrundsätze bei Lamy, in: Personal (Mensch und Arbeit), 10, 41, 1989, S. 398-401

Dierkes, M., Die neue Herausforderung an die Wirtschaft: Ethik als organisatorisches Problem, in: Plesser, E.H. (Hrsg.), Leben zwischen Wille und Wirklichkeit - Unternehmer im Spannungsfeld von Gewinn und Ethik, Düsseldorf/Wien 1977, S. 105-164

Evangelische Akademie Loccum (Hrsg.), Theologische Aspekte der Wirtschaftsethik, Dokumentationsband II, Loccum 1987

Finzer, P./Mungenast, M., Führungsgrundsätze - Führungsinstrument oder Unter-nehmens-zeremonie, 2. Teil, in: Zeitschrift für Organisation, 1, 59, 1990, S. 50-54

Fischer-Winkelmann, W. F. (Hrsg.), Paradigmawechsel in der Betriebs-wirtschaftslehre?, Spardorf 1983

Fiedler, H., Unternehmensgrundsätze und Führungsleitlinien - Wegweiser in die Zukunft, in: Fortschrittliche Betriebsführung, 2, 29, 1980, S. 122-129

Ford-Werke AG, Geschäftsgrundsatz 1, o.O., 1979

Gabele, E., Führungs- und Unternehmensgrundsätze - Ein Spiegelbild innerbetrieblicher und gesellschaftlicher Entwicklungen, in: Gabele, E./Oechsler, W. A. (Hrsg.), Führungsgrundsätze und Führungsmodelle, Bamberg 1982a, S. 13-34

Gabele, E., Unternehmens- und Führungsgrundsätze - Wirkungslose Lippenbekenntnisse oder Wegweiser zum Erfolg?, in: Die Unternehmung, 3, 36, 1982b, S. 185-204

Gabele, E., Leitbilder in Unternehmen - Führungsgrundsätze auf dem Prüfstand, in: Personalwirtschaft, 9/10, 1983a, S. 327-330

Gabele, E., Werthaltungen von Führungskräften in kleinen und mittleren Unternehmen, in: Gabele, E. (Hrsg.), Erfolgreiche Führung kleiner und mittlerer Unternehmen, Bamberg 1983b, S. 125-149

Gabele, E., Erfolgreiche Führung kleiner und mittlerer Unternehmen, Bamberg 1983b

Gabele, E., Leitbilder im Umbruch, in: Akademische Monatsblätter, 96, 1984a, S. 8-13

Gabele, E., Führungs- und Unternehmensgrundsätze - Ein Spiegelbild innerbetrieblicher und gesellschaftlicher Entwicklungen, in, Gabele E./Liebel, H./Oechsler, W. A. (Hrsg.), Führungsgrundsätze und Führungsmodelle, 2. Aufl., Bamberg 1984b, S. 13-34

Gabele, E., Management zwischen Geschäft und Ethik, unveröffentlichtes Manuskript, Bamberg 1988

Gabele, E./Kretschmer, H., Unternehmensgrundsätze in Theorie und Praxis, Bamberger Betriebswirtschaftliche Beiträge, 2, Bamberg 1981

Gabele, E./Kretschmer, H., Unternehmensgrundsätze als Instrument der Unternehmensführung, in: Zeitschrift für betriebswirtschaftliche Forschung, 8, 35, 1983, S. 716-726

Gabele, E./Kretschmer, H., Unternehmensgrundsätze: empirische Erhebungen und praktische Erfahrungsberichte zur Konzeption, Einrichtung und Wirkungsweise eines modernen Führungsinstrumentes, Frankfurt 1986

Gabele E./Liebel, H./Oechsler, W. A. (Hrsg.), Führungsgrundsätze und Führungsmodelle, 2. Aufl., Bamberg 1984b

Gabele, E./Oechsler, W. A. (Hrsg.), Führungsgrundsätze und Führungsmodelle, Bamberg 1982a

Gälweiler, A., Unternehmenspolitik, in: Management-Zeitschrift Industrielle Organisation, 12, 45, 1976, S. 464-470

Grimm, W., Unternehmensgrundsätze - Konzipierung - Einführung - Weiterführung, in: Zeitschrift für Organisation, 3, 50, 1981, S. 123-128

Gubser, F./Fröhlich, S., Unser Leitbild der Führung und Zusammenarbeit, in: Management-Zeitschrift Industrielle Organisation, 1, 53, 1984, S. 19-22

Grünig, R., Unternehmensleitbilder - Grundzüge eines Verfahrens zur Erarbeitung und Revision, in: Zeitschrift für Organisation, 4, 57, 1988, S. 254-260

Hahn, D./Taylor, B. (Hrsg.), Führungsprobleme industrieller Unternehmungen, Berlin 1980

Hesse, H. (Hrsg.), Wirtschaftswissenschaft und Ethik, Berlin 1988

Hoechst AG, Grundsätze für Zusammenarbeit und Führung, Frankfurt 1978

Hodges, L. H., Geschäft und Moral - Die soziale Verantwortung des Unternehmens, Wiesbaden 1966

Hoffmann, F., Unternehmungs- und Führungsgrundsätze - Ergebnisse einer empirischen Untersuchung, in: Zeitschrift für betriebswirtschaftliche Forschung, 3, 41, 1989, S. 167-185

Höfner, R., Schafft CI Differenzierung?, in: absatzwirtschaft, Sondernummer Oktober, 1989, S. 54-65

IBM Corporation, IBM Geschäftsgrundsätze, o.O., o.J.

Klages, H., Indikatoren des Wertewandels, in: Rosenstiel, L./Einsiedler, H. E./ Streich, R. K. (Hrsg.), Wertewandel als Herausforderung für die Unternehmenspolitik, Stuttgart 1987, S. 1-16

Koch, H., Die zentrale Globalplanung als Kernstück der integrierten Unternehmensplanung, in: Wild, J. (Hrsg.), Unternehmensplanung, Readers & Abstracts, Reinbek 1975, S. 145-154

Koch, H., Aufbau der Unternehmensplanung, Wiesbaden 1977

Koehne, R., Das Selbstbildnis deutscher Unternehmer - Legitimation und Leitbild einer Institution, Berlin 1976

Koslowski, P., Wirtschaftsethik in der marktwirtschaftlichen Ordnung oder: Private Laster sind nicht öffentliche Vorteile, in: Evangelische Akademie Loccum (Hrsg.), Theologische Aspekte der Wirtschaftsethik, Dokumentationsband II, Loccum 1987, S. 5-19

Köcher, R., Zum Unternehmerleitbild der deutschen Bevölkerung, in: Die Betriebswirtschaft, 3, 42, 1982, S. 331-339

Kreikebaum, H./Grimm, U., Strategische Unternehmensplanung in der Bundesrepublik Deutschland - Ergebnisse einer empirischen Untersuchung, in: Hahn, D./Taylor, B. (Hrsg.), Führungsprobleme industrieller Unternehmungen, Berlin 1980, S. 517-539

Kretschmer, H., Inhalte und Einführung von Unternehmensgrundsätzen, Bamberg 1982

Kubicek, H., Führungsgrundsätze als Organisationsmythen und die Notwendigkeit von Entmythologisierungsversuchen, in: Zeitschrift für Betriebswirtschaft, 1, 54, 1984, S. 4-29

Kühne & Nagel International AG, KN-Principles, o.O., o.J.

Lay, R., Die Macht der Moral - Unternehmenserfolg durch ethisches Management, 2. Aufl., Düsseldorf 1991

Macharzina, R. (Hrsg.), Hierarchische Unternehmensstruktur und gesellschaftlicher Wandel - Ein Dilemma ohne Aussicht auf Lösung?, in: Kontaktstudium; Schriften zur Fortbildung in Betriebswirtschaft, Unternehmensführung und Verwaltung, Wiesbaden 1974, S. 253-259

Messerschmitt-Bölkow-Blohm GmbH, MBB-Informationen an alle, Ottobrunn 1978

Meyer, J., Führungsrichtlinien in der Privatwirtschaft und in der öffentlichen Verwaltung: eine komparative Dokumentenanalyse mit der empirischen Prüfung ihrer praktischen Relevanz, Frankfurt/Bern/New York 1985

Müller, W., Gründzüge einer Lehre von der Unternehmenspolitik, in: Die Unternehmung, 1, 21, 1967, S. 3-15

Oberndörfer, D./Rattinger, H./Schmitt, R. (Hrsg.), Wirtschaftlicher Wandel, religiöser Wandel und Wertewandel - Folgen für das politische Verhalten in der Bundesrepublik Deutschland, Berlin 1985

Oechsler, W. A., Personal und Arbeit - Einführung in die Personalwirtschaft, 3. überarbeitete und erweiterte Auflage, München/Wien 1988

o.V., Das Unternehmerbild der Deutschen, in: Wirtschaftswoche, Nr. 43/44/45, 37, 1983, S. 64-84 (21.10.1983), S. 60-66 (28.10.1983), S. 68-76 (04.11.1983)

Peters, T. J./Waterman, R. H., Auf der Suche nach Spitzenleistungen - Was man von den bestgeführten US-Unternehmen lernen kann, Landsberg am Lech 1984

Plesser, E. H., Verhaltenskodices für Unternehmensleiter, in: Zeitschrift für Organisation, 2, 44, 1975, S. 121-125

Plesser, E. H., Gesellschaftspolitik und Unternehmensplanung, in: Agplan-Handbuch zur Unternehmensplanung, Bd. 2, Kennziffer 4805, Berlin 1976, S. 1-31

Plesser, E. H. (Hrsg.), Leben zwischen Wille und Wirklichkeit - Unternehmer im Spannungsfeld von Gewinn und Ethik, Düsseldorf/Wien 1977

Probst, G. J. B., So haben wir ein Leitbild eingeführt, in: Management-Zeitschrift Industrielle Organisation, 10, 58, 1989, S. 36-41

Rosenstiel, L., Wandel der Werte - Zielkonflikte bei Führungskräften? in: Blum, R./Steiner, M. (Hrsg.), Aktuelle Probleme der Marktwirtschaft in gesamt- und einzelwirtschaftlicher Sicht, Berlin 1984, S. 203-234

Rosenstiel, L./Einsiedler, H. E./Streich, R. K. (Hrsg.), Wertewandel als Heraus-forderung für die Unternehmenspolitik, Stuttgart 1987

Scheuplein, H., Unternehmensstrategie, Wiesbaden 1970

Schreyögg, G., Zu den problematischen Konsequenzen starker Unternehmenskulturen, in: Zeitschrift für betriebswirtschaftliche Forschung, 2, 41, 1989, S. 94-113

Siegwart, H./Probst, G.J.B. (Hrsg.), Mitarbeiterführung und gesellschaftlicher Wandel: Die kritische Gesellschaft und ihre Konsequenzen für die Mitarbeiterführung, Bern/Stuttgart 1983

Steinmann, H./Oppenrieder, B., Brauchen wir eine Unternehmensethik?, in: Die Betriebswirtschaft, 2, 45, 1985, S. 170-183

Steinmann, H./Löhr, A., Unternehmensethik - Begriff, Problembestände und Begründungs-leistungen - Diskussionsbeiträge des Lehrstuhls für Allgemeine Betriebs- wirtschaftslehre der Universität Erlangen-Nürnberg, Heft 35, Nürnberg 1987

Steinmann, H., Ethische Sensibilisierung von Unternehmungen - Diskussionsbeiträge des Lehrstuhls für Allgemeine Betriebswirtschaftslehre und Unternehmensführung der Universität Erlangen-Nürnberg, Heft 59, Nürnberg 1990

Thompson, S., Management Creeds and Philosophies, New York 1958

Töpfer, A., Planungs- und Kontrollsysteme industrieller Unternehmungen, Berlin 1976

Ulrich, H., Unternehmenspolitik, Bern/Stuttgart 1978

Ulrich, H. (Hrsg.), Die Bedeutung der Management-Philosophie für die Unternehmens-führung, in: Ulrich, H. (Hrsg.), Management-Philosophie für die Zukunft: Gesellschaftlicher Wertewandel als Herausforderung an das Management, Bern/Stuttgart 1981a, S. 11-23

Ulrich, H. (Hrsg.), Management-Philosophie für die Zukunft: Gesellschaftlicher Wertewandel als Herausforderung an das Management, Bern/Stuttgart 1981a

Ulrich, H., Unternehmenspolitik, in: Brauchlin, E. (Hrsg.), Konzepte und Methoden der Unternehmensführung, Ergebnisse - Folgerungen und Empfehlungen aus einer empirischen Umfrage in der schweizerischen Industrie, Stuttgart 1981b, S. 33-41

Ulrich, H., Konstanz und Wandel in den Werthaltungen schweizerischer Führungskräfte, Bern/Stuttgart 1985

Vorwerk & Co., Unternehmensgrundsätze der Vorwerk-Gruppe, Wuppertal 1979

Wick, R. D., Die Persönlichkeit des Managers bestimmt den Unternehmenserfolg, in: Management-Zeitschrift Industrielle Organisation, 1, 54, 1985, S. 23-24

Wild, J. (Hrsg.), Unternehmensplanung, Readers & Abstracts, Reinbek 1975

Wunderer, R. (Hrsg.), Führungsgrundsätze in Wirtschaft und öffentlicher Verwaltung, Stuttgart 1983

Wunderer, R./Klimecki, R., Führungsleitbilder - Grundsätze für Führung und Zusammenarbeit in deutschen Unternehmen, Stuttgart 1990

Walter A. Oechsler

Systeme der Organisation und Führung

1. Organisation und Führung im Prozeß der Unternehmensentwicklung

2. Erklärungsansätze zu Organisation und Führung im Unternehmen

3. Gestaltungsimplikationen für die Unternehmenspraxis

1. Organisation und Führung im Prozeß der Unternehmensentwicklung

Die Entscheidung für ein bestimmtes System der Organisation und Führung ist keine einmalige Entscheidung des Managements, sondern eher ein Prozeßphänomen. Systeme der Organisation und Führung werden immer unternehmensspezifisch variiert und im Prozeß der Unternehmensentwicklung geändert und gewechselt. Hierin kommt ein Paradoxon zum Ausdruck, daß nämlich über Organisation einerseits eine auf relative Dauer angelegte Ordnungsvorstellung geschaffen werden soll, die auch stabile Handlungsorientierungen für den Führungsprozeß liefert, daß aber andererseits ein eingeführtes Modell der Organisation und Führung durch die Handlungsmuster als laufender Prozeß fortwährend geändert und abgewandelt wird.

Hierfür gibt es einfache Erklärungen, die darauf abstellen, daß allein schon die Faktoren Alter und Größe einer Unternehmung zu krisenhaften Alters- und Größenschwellen führen, die durch Innovationen im Bereich der Organisation und Führung überwunden werden können und dadurch neue Wachstumschancen eröffnen. Solche krisenhaften Schwellen sind in der Abbildung 1 idealtypisch dargestellt (vgl. Greiner, 1972, S. 41, ferner Staehle, 1989, S. 545 und Oechsler, 1992).

Der Prozeß der Unternehmensentwicklung ist typischerweise dadurch gekennzeichnet, daß der Ausgangspunkt eine innovative Leistung ist, die zu Wachstum des Unternehmens führt. Der kreative Pionierunternehmer gerät allerdings in eine *Führungskrise*, da er sich bei einem wachsenden Mitarbeiterstamm ohne systematisches Modell der Organisation und Führung kaum durchsetzen kann. Er tendiert in einer solchen Situation zu straffer Führung mit Anweisung und Kontrolle. Straffe Führung ermöglicht zwar zunächst weiteres Wachstum, findet allerdings bei steigender Mitarbeiterzahl seine Grenze, was zu einer Autonomiekrise der Mitarbeiter führt.

In einer *Autonomiekrise* sind Modelle der Organisation und Führung gefragt, die systematisch auf Delegation von Verantwortung angelegt sind. Diesen Anspruch greift mit Blick auf die Nachkriegsentwicklung der deutschen Wirtschaft das sog. "Harzburger Modell" auf. Dieses Modell ist zwar hinsichtlich Organisationskonzept und Führungsinstrumentarium auf Delegation von Verantwortung angelegt, sieht aber kein Planungs- und Kontrollsystem vor. Deshalb konnte es die bei Delegation auftretende Kontrollkrise nicht verhindern und war auch Mitte der 70er Jahre auf dem absteigenden Lebenszyklus.

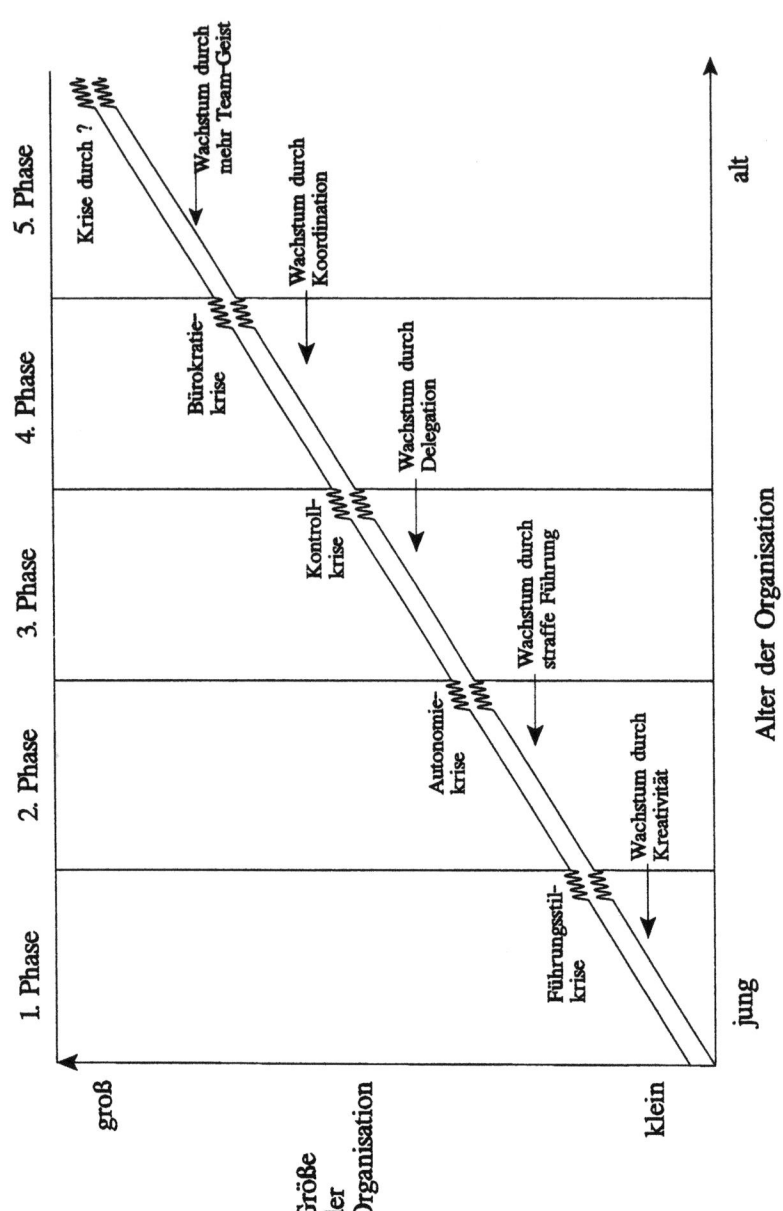

Abb. 1: Kritische Alters- und Größenschwellen von Unternehmen

Die *Kontrollkrise* kann durch Planungs- und Kontrollsysteme überwunden werden, die in Großunternehmen die Funktionen des Controlling übernehmen (vgl. Horvath, 1986). Mit Planungs- und Kontrollsystemen wird zumindest eine kurzfristige Ziel- bzw. Aufgabenplanung angestrebt, die dann auch eine laufende Kontrolle der Zielerreichung ermöglicht. Dadurch lassen sich autonome Delegationsbereiche zu einem funktionierenden Gesamtsystem integrieren. Da Planwerte auf der Grundlage von Kennzahlen aus dem betrieblichen Rechnungswesen festgelegt werden und die Kontrolle ebenfalls auf dieser Grundlage stattfindet, ist eine differenzierte wertmäßige Erfassung und Bewertung aller Vorgänge erforderlich, was über den verwaltungsmäßigen Aufwand zu einer Bürokratiekrise führt.

Die auf zentralistischen Kontrolltendenzen basierende *Bürokratiekrise* wiederum kann durch dezentrale auf Teamgeist beruhende Modelle überwunden werden. Hierfür sind Teamfähigkeit der Mitarbeiter und die Möglichkeit zur Selbstorganisation als Voraussetzungen anzusehen.

Diese Vorgänge im Prozeß der Unternehmensführung lassen sich anhand von verschiedenen Theorieansätzen erklären, die auch die einzelnen Ansätze der Organisation und Führung aufgreifen und hierzu Erkenntnisse liefern.

Die idealtypisch dargestellte Abfolge von Systemen der Organisation und Führung im Prozeß der Unternehmensentwicklung bringt zum Ausdruck, daß bestimmte Faktoren einen Einfluß auf die Wahl des Organisations- und Führungsmodells haben wie in dem Beispiel Alter und Größe eines Unternehmens. Ein weiterer solcher Einflußfaktor ist die Umwelt, die im Rahmen des sog. *kontingenztheoretischen* Ansatzes (vgl. 2.1) im Mittelpunkt steht. Gemäß diesem Ansatz steht bei der Wahl des Organisationsmodells das Kriterium im Vordergrund, ein optimales "Fit" zwischen Unternehmung und Umwelt zu erreichen und bei sich ändernden Umweltbedingungen jeweils mit einer entsprechenden organisatorischen Variante zu reagieren. Je nach Umweltkonstellation stehen dann Funktional-, Sparten-, Regional-, Projektorganisation oder mehrdimensionale Organisationsmodelle zur Auswahl.

Im Gegensatz dazu steht der *konsistenztheoretische* Ansatz (vgl. 2.2), nach dem Unternehmen nicht unbedingt zu einem "Fit" mit ihrer Umwelt gelangen müssen, sondern auch mit einem bestimmten Modell der Organisation und Führung erfolgreich sein können. Das Hauptkriterium ist dabei, daß dieses Organisationsmodell in sich konsistent ist, so daß daraus eine bestimmte Organisations- und Unternehmenskultur resultiert. Für diesen Ansatz sprechen Beispiele erfolgreicher Unternehmen sowie die Ergebnisse kulturvergleichender Forschungen.

Während konvergenz- und konsistenztheoretische Ansätze trotz ihrer gegensätzlichen Grundannahmen gemeinsam von der rationalen Gestaltbarkeit der Organisation und Führung ausgehen, wird das im *mikropolitischen* Ansatz (vgl. 2.3.) in Frage gestellt. Mikropolitik (micropolitics) bedeutet, daß Unternehmen Arenen für die Austragung von Interessenkonflikten sind. Deshalb läßt sich keine durchgehende Rationalität erreichen, sondern ist von der Irrationalität von Entscheidern und deren Tendenz zur Suboptimierung auszugehen.

Der totale Rückzug von Autorität und Rationalität wird im neueren *systemtheoretischen Ansatz* relativiert, indem die Autorität im Unternehmen zwar grundsätzlich aufrechterhalten, aber so kanalisiert wird, daß Möglichkeiten zur Selbstorganisation bestehen (vgl. 2.4).

Diese unterschiedlichen theoretischen Ansätze mit teilweise konkurrierendem und teilweise komplementärem Charakter sollen im folgenden überprüft werden, inwieweit sie Erklärungs- und Gestaltungspotential für die Wahl von Modellen der Organisation und Führung im Unternehmen liefern. Die theoretischen Ansätze lassen sich zusammengefaßt folgendermaßen charakterisieren:

Kontingenztheorie	Fit zwischen Umwelt und Organisation des Unternehmens		Umweltkomplexität wird durch interne Abteilungsbildung reduziert
Konsistenztheorie	Konsistenter, kulturvermittelnder Königsweg der Organisation und Führung		Organisations- und Führungsmodelle vermitteln überlebensfähige Unternehmenskultur
Mikropolitik	Unternehmen als Arenen der Austragung von Interessenkonflikten		Interessenkonflikte und Suboptimierung als Realität rationaler Organisation
Systemtheorie	Selbstreferentielle Systeme durch Selbstbeobachtung und Selbstorganisation		Selbstbesimmung von Systemgrenzen und Organisationsstrukturen zur Problemlösungs- und Anschlußfähigkeit

Abb. 2: Schwerpunkte theoretischer Ansätze zu Organisation und Führung

2. Erklärungsansätze zu Organisation und Führung im Unternehmen

2.1 Organisations- und Führungsmodelle aus der Sicht des Kontingenzansatzes: "Fit" zwischen Organisation und Umwelt

Im kontingenztheoretischen Ansatz steht das Erreichen eines "Fit" zwischen Umwelt und Unternehmen im Vordergrund. Das Organisationsmodell wird hinsichtlich seiner Differenziertheit so gewählt, daß es in der Lage ist, die Umweltkomplexität zu absorbieren. Kontingenz bedeutet, daß in der Umwelt viele Ereignisse möglich sind (vgl. Kiss, 1990, S. 9f.), woraus für die Organisation die Anforderung resultiert, immer mit diesen Entwicklungen Schritt zu halten. Als Organisationsmodelle stehen grundsätzlich Funktional-, Sparten-, Regional-, Projektorganisation oder mehrdimensionale Organisationsmodelle zur Verfügung. Wie der Übergang zwischen diesen verschiedenen Organisationsmodellen im Zuge einer expansiven Unternehmensentwicklung verlaufen kann, soll das folgende Fallbeispiel illustrieren.

2.1.1 Fallbeispiel: Organisationsmodelle eines expandierenden Unternehmens

Bei dem Fallbeispiel handelt es sich um ein Großunternehmen aus dem chemisch-pharmazeutischen Bereich, das in der hier interessierenden Entwicklungsphase seit 1960 von sehr starkem Wachstum geprägt war (vgl. zum Fallbeispiel: Vossberg, 1984, S.461ff.). Das Unternehmen in der Rechtsform einer Aktiengesellschaft hatte bis 1965 das folgende Organisationsmodell:

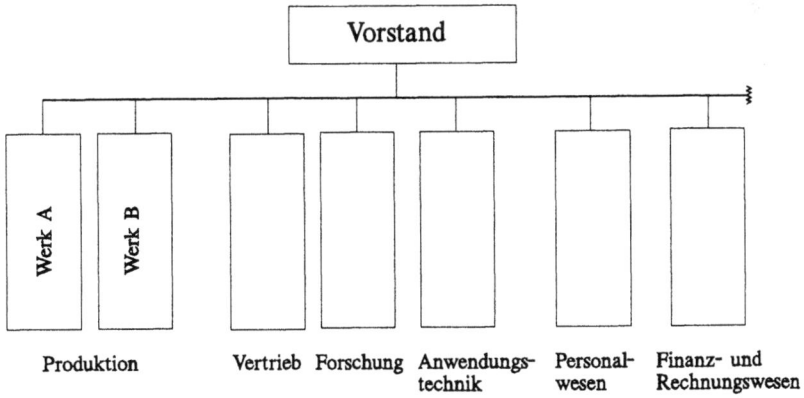

Abb. 3: Organisationsmodell bis 1965

65

Dieses aus den fünfziger Jahren stammende Organisationsmodell weist eine "klassische" Differenzierung in *Funktionsbereiche* auf. Die betrieblichen Grundfunktionen Beschaffung (Personal, Finanzen), Produktion (zwei Werke), Vertrieb und Verwaltung (Forschung, Personal-, Finanz- und Rechnungswesen) sind parallel zueinander gegliedert. Die einzelnen Funktionsbereiche werden von den Vorstandsmitgliedern in Arbeitsteilung geleitet und dadurch auf Vorstandsebene koordiniert und integriert. Ein derart organisiertes Unternehmen läßt sich deshalb nur zentral - auf Vorstandsebene - steuern und kontrollieren. Sofern in einer Expansionsphase das Produktionsprogramm stark differenziert und zusätzlich ausgeweitet wird, treten wegen des fehlenden Überblicks Probleme bei der zentralen Steuerung und Kontrolle auf. Typische Wachstumsmärkte waren in diesem Zeitraum beispielsweise die Fachgebiete Farben sowie die immer mehr an Bedeutung gewinnenden Gebiete Pharma und Pflanzenschutz. Durch die Hinzunahme zusätzlicher Fachgebiete besteht zwangsläufig die Gefahr, daß die Unternehmensleitung bei funktionaler Organisationsform überlastet wird. Der Koordinationsaufwand an der Spitze des Unternehmens wird nämlich immer höher, weshalb die Einrichtung von Koordinationsstellen notwendig ist. Aus diesem Grunde wurde im Jahre 1965 das Organisationsmodell durch Fachkommissionen ergänzt.

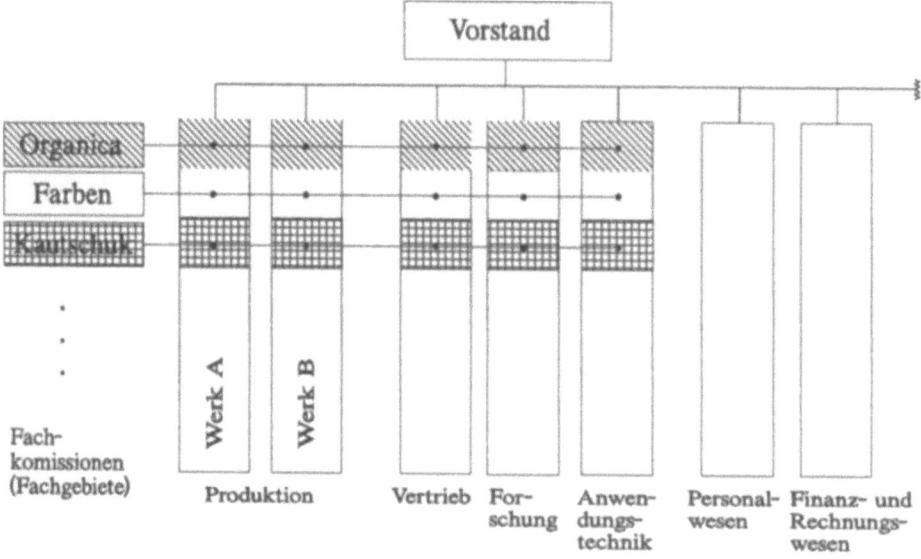

Abb. 4: Organisationsmodell 1965 bis 1970

Die *Fachkommissionen* waren nach produktorientierten Fachgebieten wie z.B. Organica, Farben, Kautschuk aufgeteilt und fungierten als geschäftsgebietsorientierte Steuerungsgremien. Das bedeutet, daß diese zusätzliche produktorientierte Differenzierungsmaßnahme zu dezentralen Steuerungseinheiten führte und die Führungskräfte der verschiedenen Funktionen an einem Tisch vereinigte. Sachverstand kam damit bei Entscheidungen nicht sukzessiv in parallel geschalteten Funktionsbereichen, sondern simultan in funktionsübergreifenden Kommissionen zum Tragen. Fachkommissionen mit Querschnittsaufgaben führten zu Koordinations- und Integrationsleistungen auf dezentraler Ebene und konnten bei einem weiterhin expandierenden Unternehmen nur eine Übergangslösung sein.

Die Fachkommissionen konnten die Unternehmensleitung zwar vorübergehend entlasten, angesichts des raschen Marktwachstums und der damit notwendigen Neugründung von zusätzlichen Fachkommissionen führte der erforderliche Koordinationsaufwand aber in relativ kurzer Zeit wiederum zu Überlastungen. Denn die funktionale Organisationsform blieb ja weiterhin erhalten, wobei lediglich die Belastungen eine Hierarchiestufe unter der Unternehmensleitung auftraten. Diesem Dilemma wollte man sich durch den Übergang in ein produktorientiertes Organisationsmodell entziehen, wie die Änderung des Organisationsmodells im Jahre 1971 zeigt.

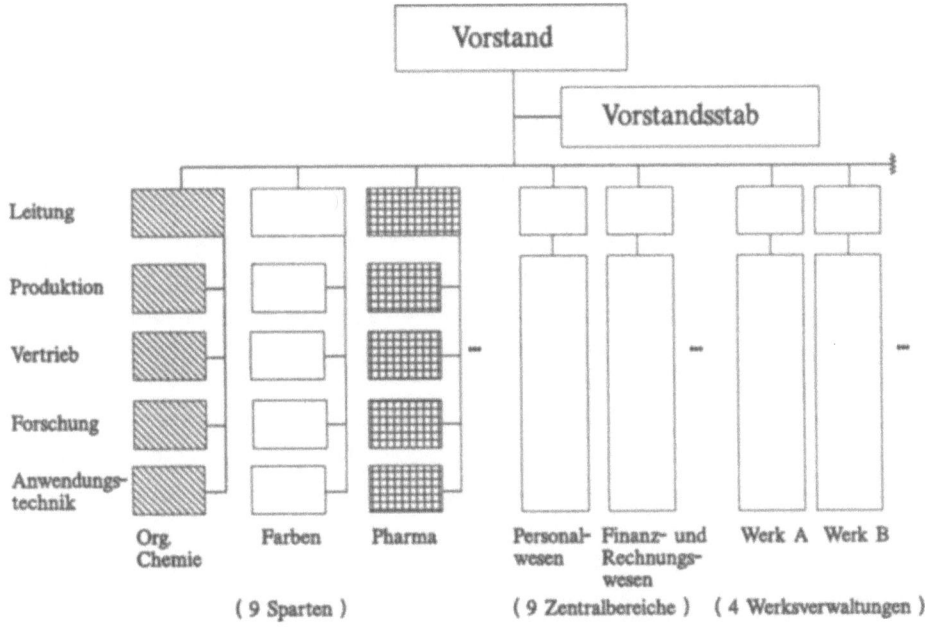

Abb. 5: Organisationsmodell ab 1971

Die nächste Stufe war die Einführung der *Spartenorganisation*. Neue organisatorische Differenzierungskriterien waren marktliche und technologische Gesichtspunkte, die zu neun werksübergreifenden Sparten führten, an deren Spitze je zwei gleichberechtigte Spartenleiter standen. Damit übertrugen die Vorstandsmitglieder die unmittelbare Steuerung der Unternehmensbereiche auf die Spartenleiter (zweite Führungsebene) und übernahmen selbst nur noch die Funktion von Sprechern im Vorstand für diese Bereiche. Damit wurde ein Übergang zur dezentralen Unternehmenssteuerung vollzogen, der auch dadurch zum Ausdruck kam, daß die Sparten zu selbständig operierenden Einheiten mit weltweiter Geschäftsverantwortung wurden, die auch getrennt den erzielten Gewinn oder Verlust auswiesen. Die früher (bis 1965) aus organisatorischer Sicht dominierenden Funktionsbereiche wurden jeweils den Sparten zu- bzw. untergeordnet. Aus den zentralen Dienstleistungsbereichen bildete man neun Zentralbereiche und aus den werksbezogenen Service- und Verwaltungsabteilungen je Werk eine Werksverwaltung.

Die verschiedenen Stabsabteilungen der Unternehmensleitung wurden zum Vorstandsstab zusammengefaßt. Stabsabteilungen sind Instanzen, die selbst keine Entscheidungsbefugnis besitzen, sondern die Unternehmensleitung vorwiegend bei der Vorbereitung von Entscheidungen und deren Umsetzung bei Kontrollaufgaben unterstützen (z.B. Planungs- und Organisationsabteilungen). In dieser Reorganisation (= organisatorische Umstellung) kommt deutlich eine verstärkte Produkt- bzw. Marktorientierung in der organisatorischen Differenzierung zum Ausdruck und eine Tendenz zu dezentralen Integrationsmechanismen. Gleichzeitig ist auch eine Zentralisierungstendenz in den Service- und Verwaltungsbereichen festzustellen. Weiterhin benötigt der Vorstand einen unterstützenden und beratenden Stab, um Expertenwissen an der Unternehmensleitung anzusiedeln. Damit ist über das Organisationsmodell eine marktbezogene Dezentralisierung und eine Zentralisierung von Expertenwissen erreicht.

In einer 1984 erfolgten erneuten Reorganisation wurde das Organisationsmodell hinsichtlich der Sparten in Sektoren/Geschäftsbereichen gestrafft und auf Vorstandsebene über eine regionale Orientierung gestärkt (siehe Abbildung 6).

Die gesamten weltweiten Geschäftsaktivitäten gliedern sich jetzt in sechs Unternehmenssektoren, wobei jeder aus einer Gruppe von Geschäftsbereichen mit eigenem *Geschäftsgebiet* besteht. Die Konzernverwaltung stützt sich auf eine Reihe von Stabs- und Dienstleistungsbereiche, die weltweit für das Unternehmen arbeiten. Die bisherigen Sprecherfunktionen der Vorstandsmitglieder für die operativen Geschäftsbereiche wurden aufgehoben und durch Regionen ersetzt, um eine bessere regionale Abstimmung zwischen Vorstand und Geschäftsführungen in einzelnen Ländern zu erreichen. Für die wichtigsten zentralen Funktionsbereiche wurden Vorstandsausschüsse gebildet.

Die Hauptaufgabe der Unternehmenssektoren besteht aus der Koordination und Überwachung der Geschäftsbereiche und der Entwicklung unternehmenspolitischer Konzeptionen. Sie weisen weiterhin getrennt ihren Gewinn/Verlust aus und sind für die Entwicklung und den Ausbau ihres Sektors verantwortlich. Die fünf neuen Zentralbereiche, die aus den übrigen Dienstleistungsbereichen gebildet wurden, haben ihre Aufgabeschwerpunkte bei der Muttergesellschaft in der Erarbeitung zentraler Lösungen.

Stärker betont wurden die regionalen Außenorganisationen durch die Einführung von Landessprechern mit einer unmittelbaren Verbindung zum Vorstand. In diesem Zusammenhang wurden auch zentrale Konferenzen und Kommissionen eingerichtet, die dem Vorstand als Instrumente für die Koordinierung, Abstimmung und für die unternehmenspolitische Ausrichtung der Tätigkeitsbereiche des Unternehmens dienen.

Die Schwerpunkte bei der Anpassung des neuen Führungssystems an das neue Organisationsmodell liegen im Ausbau der strategischen (langfristigen) Planung und der Controller-Organisation.

Die Controller-Organisation wurde vor allem in Großunternehmen eingeführt. Der Controller hat in der Regel Stabsfunktion und wird unmittelbar der Unternehmensleitung unterstellt. Seine Aufgabe besteht darin, das Unternehmensgeschehen über Daten aus dem Rechnungswesen zu steuern und zu überwachen. Über seine Mitarbeiter, die allen operativen Abteilungen wie z. B. Produktsparten in Form der Controller-Organisation zugeordnet sind, werden dem operativen Manager Soll-Werte vorgegeben, auf die Realisierbarkeit überprüft, eventuell verändert und hinsichtlich der Einhaltung überwacht. Gleichzeitig werden die Personalführungs- und Abrechnungssysteme weiterentwickelt, da diese für das Controlling erforderlich sind. Das beschriebene Organisationsmodell wurde 1989 erneut modifiziert, indem die Geschäftsbereiche gestrafft wurden.

Vorstand

Mitglied in Vorstandsausschüssen (Vorsitz unterstrichen)	Sprecher für Regionen	Vorsitz in Zentralen Konferenzen und Zentralkommissionen (ZK)
Konzernkoordinierung, Finanzen		Konzerntagung, AG-Konferenz
Materialwirtschaft und Dienstleistungen	Lateinamerika	ZK-Vertrieb
Investitionen und Technik	Osteuropa	ZK-Ingenieurtechnik
Forschung und Entwicklung, Ökologie		ZK-Forschung und Anwendungstechnik
Investitionen und Technik, Forschung und Entwicklung	Nordamerika	
Forschung und Entwicklung, Investitionen und Technik	Italien, Österreich, Portugal, Spanien	ZK-Produktion
Ökologie	Afrika, Nahost	ZK-Umweltschutz
Konzernkoordinierung		Personalkonferenz Obere Führungskräfte
Materialwirtschaft und Dienstleistungen, Personal und Recht	Fernost	ZK-Logistik
Finanzen, Personal und Recht	Benelux, Griechenland und Skandinavien	
Personal und Recht, Ökologie		ZK-Personal
Finanzen, Konzernkoordinierung, Materialwirtschaft und Dienstleistungen	Frankreich, Irland Großbritannien, Schweiz	

Konzernverwaltung

Unternehmensplanung und Controlling
Konzernfinanzen
Regionale Koordinierung
Recht, Steuern und Patente
Öffentlichkeitsarbeit
Obere Führungskräfte

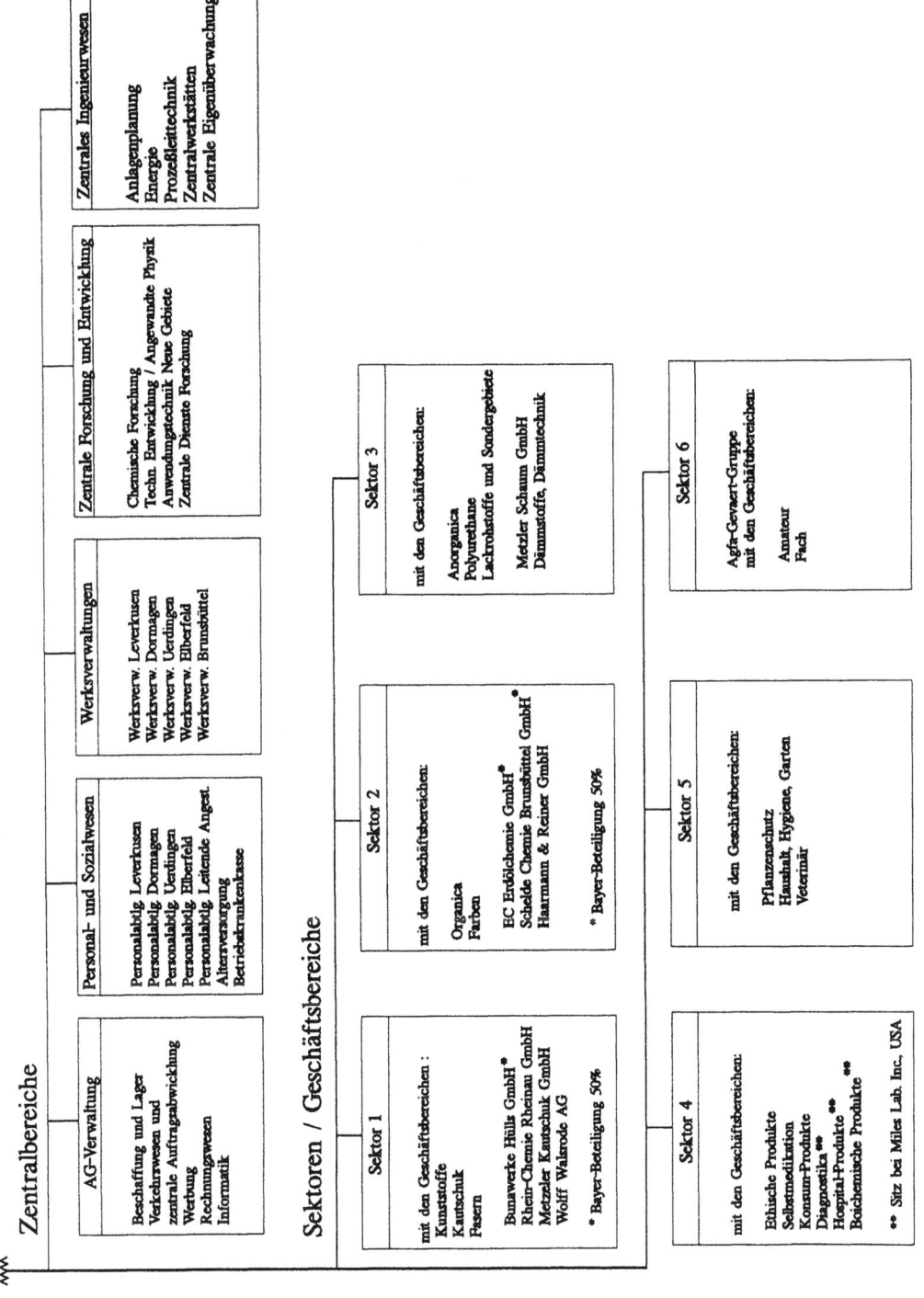

Zentralbereiche

AG-Verwaltung
Beschaffung und Lager
Verkehrswesen und zentrale Auftragsabwicklung
Werbung
Rechnungswesen
Informatik

Personal- und Sozialwesen
Personalabtlg. Leverkusen
Personalabtlg. Dormagen
Personalabtlg. Uerdingen
Personalabtlg. Elberfeld
Personalabtlg. Leitende Angest.
Altersversorgung
Betriebskrankenkasse

Werksverwaltungen
Werksverw. Leverkusen
Werksverw. Dormagen
Werksverw. Uerdingen
Werksverw. Elberfeld
Werksverw. Brunsbüttel

Zentrale Forschung und Entwicklung
Chemische Forschung
Techn. Entwicklung / Angewandte Physik
Anwendungstechnik Neue Gebiete
Zentrale Dienste Forschung

Zentrales Ingenieurwesen
Anlagenplanung
Energie
Prozeßleittechnik
Zentralwerkstätten
Zentrale Eigenüberwachung

Sektoren / Geschäftsbereiche

Sektor 1
mit den Geschäftsbereichen :
Kunststoffe
Kautschuk
Fasern

Bunawerke Hüls GmbH*
Rhein-Chemie Rheinau GmbH
Metzeler Kautschuk GmbH
Wolff Walsrode AG

* Bayer-Beteiligung 50%

Sektor 2
mit den Geschäftsbereichen:
Organica
Farben

EC Erdölchemie GmbH*
Schelde Chemie Brunsbüttel GmbH*
Haarmann & Reiner GmbH

* Bayer-Beteiligung 50%

Sektor 3
mit den Geschäftsbereichen:
Anorganica
Polyurethane
Lackrohstoffe und Sondergebiete

Metzeler Schaum GmbH
Dämmstoffe, Dämmtechnik

Sektor 4
mit den Geschäftsbereichen:
Ethische Produkte
Selbstmedikation
Konsum-Produkte
Diagnostica **
Hospital-Produkte **
Biochemische Produkte **

** Sitz bei Miles Lab. Inc, USA

Sektor 5
mit den Geschäftsbereichen:
Pflanzenschutz
Haushalt, Hygiene, Garten
Veterinär

Sektor 6
Agfa-Gevaert-Gruppe
mit den Geschäftsbereichen:
Amateur
Fach

71

Die Entwicklung der Organisationsmodelle dieses expandiernden Unternehmens läßt die Zusammenhänge erkennen, die bei der Wahl eines Modells der Unternehmensorganisation eine Rolle spielen.

- Interne Abteilungen haben kritische Segmente der Umwelt zu bearbeiten (z.B. Vertrieb hat den Markt, Forschung hat den wissenschaftlichen Fortschritt zu bearbeiten).

- Bei Ausweitung des Produktionsprogramms, insbes. durch Divisionalisierung, werden auf Dezentralisierung angelegte Organisationsmodelle, wie die Spartenorganisation, gewählt.

- Der Dezentralisierung liegt die Idee der totalen Verfahrensherrschaft über ein Produkt- und Umweltsegment von der Marketingstrategie bis zur Gewinnverantwortung zugrunde.

- Dezentrale Organisationsmodelle erfordern interne Koordination über Controlling, um die Unternehmen zu einem funktionsfähigen Ganzen zu integrieren.

- Wissen für Problemlösungsprozesse soll simultan Berücksichtigung finden.

Abb. 7: Kriterien bei der Wahl eines Organisationsmodells

Hinsichtlich dieser Problembereiche der Organisationspraxis weisen die in der Organisationslehre diskutierten Modelle der Unternehmensorganisation unterschiedliche Stärken und Schwächen auf.

Der kontingenztheoretische Ansatz kann also allgemeine Anhaltspunkte für Ausdifferenzierung von Organisationsstrukturen entsprechend relevanter Umweltsegmente geben, wenn ein "Fit" der Organisation mit der Umwelt hergestellt werden soll. Dieser Gedanke wird auch implizit von der betriebswirtschaftlichen Organisationslehre aufgegriffen, wenn diese Stärken und Schwächen der Organisationsmodelle aus Bedingungen des Unternehmenswachstums, des Marktwachstums, der Marktsegmentierung etc. herleitet. Dies soll im folgenden anhand der Argumente zur Verrichtungs-, Sparten-, Regional-, Matrix- und Projektorganisation näher erläutert werden.

2.1.2 Exkurs: Stärken und Schwächen von Organisationsmodellen

1) Verrichtungsorganisation (funktionale Organisation)

Bei der *Verrichtungsorganisation* wird vom naheliegendsten organisatorischen Differenzierungskriterium ausgegangen, nämlich der Verrichtungsabfolge beim Prozeß der Leistungserstellung und -verwertung. Das daraus resultierende Organisationsmodell wird deshalb als Verrichtungsorganisation bezeichnet oder auch als *funktionale Organisation*, da die Verrichtungsabfolge aus den betrieblichen Grundfunktionen Beschaffung, Produktion und Absatz besteht.

Die Verrichtungsorganisation ist am *Realgüterstrom* orientiert. Sie gibt den Fluß der Güter von der Beschaffung auf den Beschaffungsmärkten zur Produktionsstätte, in der die Leistungserstellung erfolgt und zum Absatzbereich wieder, der für die Verwertung der Leistungen auf den Absatzmärkten verantwortlich ist. Die betrieblichen Funktionsbereiche können noch um Verwaltungsfunktionen wie Personal- oder Finanz- und Rechnungswesen erweitert werden, wie das bei dem Fallbeispiel geschehen ist.

Ein derartiges Organisationsmodell eignet sich in aller Regel nur für kleinere Ein-Produkt-Unternehmen, für die der Realgüterstrom noch übersichtlich zu verfolgen und kontrollieren ist. Insofern läßt sich der Realgüterstrom mengenmäßig relativ leicht programmieren. Treten bei diesem Organisationsmodell Unsicherheiten in der Umwelt auf, wie z.B. Schwankungen auf Märkten, so kann zunächst über Lagerhaltung darauf reagiert werden. Danach muß die Produktionsmenge gesteigert oder gesenkt werden. Ein Unternehmen mit einer Verrichtungsorganisation kann nur relativ schwerfällig auf Umweltveränderungen reagieren.

Die Verrichtungsorganisation eignet sich deshalb grundsätzlich nur bei einer stabilen Umwelt für überschaubare (mit undifferenziertem Produktprogramm) Unternehmen. Zur Erfüllung der betrieblichen Grundfunktionen weisen die Beschaffungs-, Produktions- und Absatzabteilungen intern Organisationsstrukturen auf, mit denen jeweils spezifischen Aufgabenstellungen nachgekommen wird.

2) Spartenorganisation (divisionale Organisation)

Im vorangestellten Fallbeispiel war zu erkennen, daß das expandierende Unternehmen bald Fachkommissionen einrichtete, die jeweils bestimmte Produkte bzw. Produktgruppen zu koordinieren hatten. Diese Übergangslösung mündete dann in eine *Spartenorganisation*, die dadurch gekennzeichnet ist, daß Unternehmen zunächst primär nach den Produkten organisiert sind, die hergestellt und abgesetzt werden. Die Spartenorganisation wird auch als divisionale Organisation und als Objektorganisation bezeichnet, da das dominierende Differenzierungskriterium die Produkte sind. Vereinfacht dargestellt sieht die Spartenorganisation folgendermaßen aus:

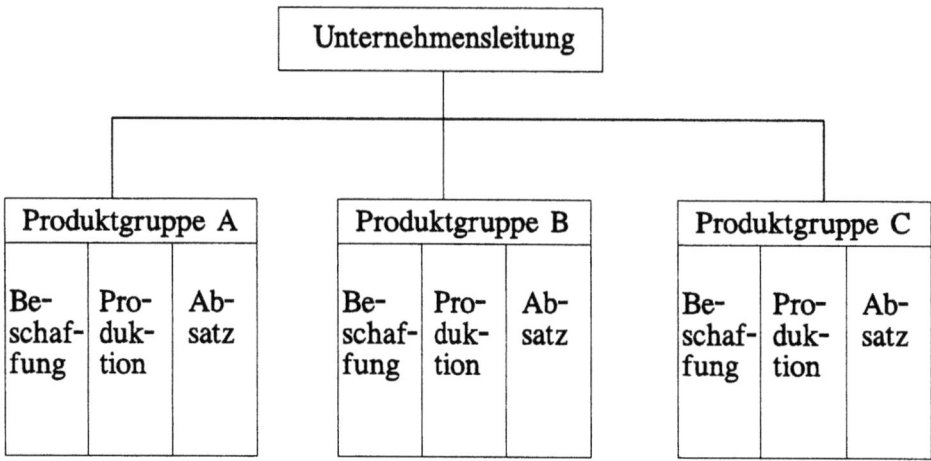

Abb. 8: Spartenorganisation

Im Organisationsmodell der Spartenorganisation kommt eine *Dezentralisierungstendenz* zum Ausdruck. Das Unternehmen wird nicht mehr zentral und über den Gesamterfolg gesteuert, sondern dezentral über die Bereichsfelder der einzelnen Produktgruppen (Produktmanager) und über deren jeweiligen Beitrag zum Gesamterfolg des Unternehmens. Die Produktsparten werden abrechnungstechnisch als eigene Geschäftsbereiche angesehen, was auch durch die Geschäftsbereiche im Fallbeispiel verdeutlicht wird (vgl. Bühner, 1986, S. 110f.; ferner Gabele, 1981).

Weiterhin kommt durch die Spartenorganisation eine verstärkte Produkt-Markt-Orientierung zum Ausdruck, die Ausfluß einer *marktorientierten Unternehmensphilosophie* ist. Bestandteil dieser Unternehmensphilosophie ist die Strategie der *Diversifizierung*, nach der ein Unternehmen bestrebt ist, nicht nur von einem Markt abhängig zu sein, sondern über bestimmte Bindeglieder mehrere Produktgruppen in das Produktions- und Vertriebsprogramm aufzunehmen. Diese heterogenen Produkte machen jeweils eigenständige Verrichtungsmodelle erforderlich.

Ein *Produktmanager*, der einer bestimmten Produktgruppe vorsteht, ist für den Erfolg dieser Produktgruppe verantwortlich. Auf ihn werden damit Entscheidungsbefugnisse, aber auch Erfolgsverantwortung delegiert. Damit wird einerseits eine "Marktnähe" von produktpolitischen Entscheidungen erreicht, andererseits aber auch eine Wettbewerbshaltung zwischen den einzelnen Produktmanagern institutionalisiert, da der Erfolg jedes Produktmanagers am Beitrag seiner Produktgruppe zum Gesamterfolg gemessen wird.

Daraus resultiert zwar eine *Motivationswirkung* des Spartenkonzepts, gleichzeitig tritt allerdings das Problem der *Koordination* der einzelnen Produktgruppen auf. Dies besteht darin, Suboptimierung einzelner Produktbereiche, die aus dem Ehrgeiz von Produktmanagern resultieren können, zu vermeiden und über die Unternehmensleitung eine *Ressourcenallokation* vorzunehmen, die den tatsächlichen Erfolgsaussichten der einzelnen Produktgruppen entspricht.

Die über das Produktmanagement der Spartenoganisation erreiche Dezentralisierung und Flexibilisierung sowie Motivationswirkung und Initiative der Produktmanager kann allerdings durch Interdependenzen und Koordinationsaufwand beeinträchtigt werden. Dennoch verspricht man sich von der Spartenorganisation folgende Wirkungen.

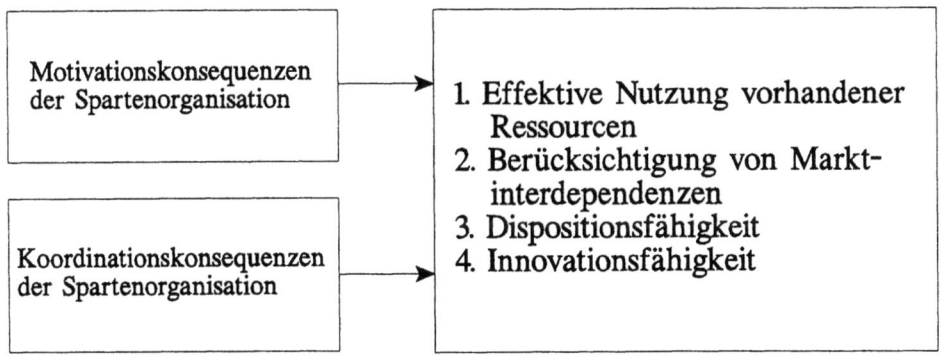

Abb. 9: Wirkungen des Produktmanagements

Die einzelnen Produktsparten eignen sich als dezentrale Gewinnzentren eines Unternehmens, wobei allerdings zentrale Leistungen und Leistungsverflechtungen Probleme aufwerfen.

3) Regionalorganisation

Bei einem weiter wachsenden Unternehmen, das auch auf regional sehr unterschiedlichen Märkten tätig ist, bietet sich als Organisationsmodell die Regionalorganisation an. Im Fallbeispiel hat sich dies zwar noch nicht als tragendes organisatorisches Differenzierungskriterium niedergeschlagen, dafür wurden aber regionale Belange über die Arbeitsteilung auf Vorstandsebene berücksichtigt.

Bei der *Regionalorganisation*, nach der vor allem international tätige Großunternehmen differenziert sind, tritt in der Regel zu Verrichtungs- und Spartenorganisation eine nach regionalen Gesichtspunkten gegliederte Gebietsleitung.

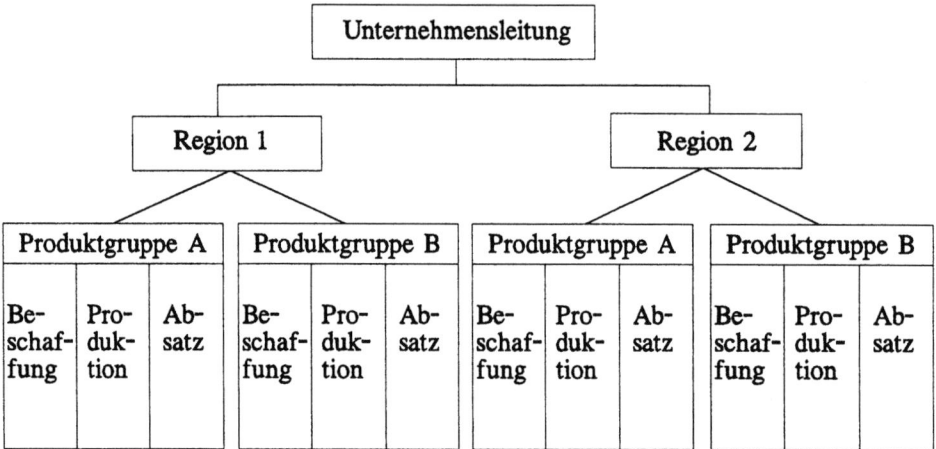

Abb. 10: Regionalorganisation

Die Regionalorganisation dient dazu, den Besonderheiten auf unterschiedlichen regionalen Märkten Rechnung zu tragen und die Aktivitäten des Unternehmens für die verschiedenen Produkte auf diesen Märkten abzustimmen. Dies wird von den *Gebietsleitern* (Regionalmanagern) für die einzelnen Regionen übernommen. Die Regionen werden von der Unternehmensleitung auf Gebietsleiterkonferenzen koordiniert.

Mit der Regionalorganisation sollen Besonderheiten der Märkte und Fertigungsbedingungen wie z.B. in Europa, oder USA oder Asien Rechnung getragen werden. Dadurch wird eine größere Problemnähe zu unterschiedlichen Arbeits- und Verbrauchergewohnheiten, Gesetzen und anderen Vorschriften und Bedingungen erreicht.

Die Koordination der Gebietsleitungen ist nicht nur wegen der Abstimmung regional differenzierter Aktivitäten im Rahmen einer unternehmerischen Gesamtstrategie erforderlich, sondern auch wegen der Steuerung von Finanzströmen. So wird es für international tätige Unternehmen einerseits bedeutsam, Währungsrisiken zu minimieren, indem Finanzströme von sogenannten Weich- in Hartwährungsländer gesteuert werden. Andererseits sollen Gewinne in solchen Gebieten anfallen, die als Niedrigsteuerländer gelten, was durch Geld- und Güterströme sowie entsprechend kalkulierte Verrechnungspreise beeinflußt werden kann (vgl. zum Währungsrisiko und dessen Absicherung Jokisch, 1982).

Die Entwicklung eines expandierenden Unternehmens, das organisatorisch von Verrichtungs- über das Sparten- zum Regionalmodell gelangt, zeigt idealtypisch, daß *sukzessive* immer neue Differenzierungskriterien zu den bestehenden hinzutreten. Organisatorische Teilbereiche werden damit zwar nach funktionalen, divisionalen und regionalen Gesichtspunkten gebildet, im Organisationsmodell schlägt sich dies aber in einer hierarchischen Stufenfolge nieder.

Deshalb besteht die Gefahr, daß in einem solchen Organisationsmodell Probleme sukzessiv gelöst werden. Probleme werden nämlich zuerst nach regionalen, dann unter divisionalen und schließlich unter funktional-verrichtungsorientierten Aspekten gelöst, was zur sogenannten *Suboptimierung* führen kann. Die hierarchisch jeweils vorgelagerten Aspekte können Entscheidungsprozesse schon derart festlegen, daß für die hierarchisch nachfolgenden Aspekte kaum mehr Entscheidungsspielräume bestehen.

So können beispielsweise beschaffungs- und produktpolitische Entscheidungen durch zuvor festgelegte regionale Strategien derart vorbestimmt werden, daß sie nicht zu optimalen Beschaffungs- und Produktionsbedingungen führen. Dieser Effekt der sukzessiven Abfolge von Problemlösungsprozessen wird durch das "Hintereinanderschalten" der einzelnen organisatorischen Differenzierungskriterien erzeugt. Neuere Organisationsmodelle sind deshalb von dem Grundprinzip getragen, unterschiedlichen Sachverstand *simultan* in Problemlösungs- uns Entscheidungsprozesse einzubringen. Dies wird durch mehrdimensionale Organisationsmodelle und durch die Projektorganisation erreicht.

4) Mehrdimensionale Organisationsmodelle (Matrixorganisation)

Bei *mehrdimensionalen Organisationsmodellen* werden mehrere Differenzierungskriterien so angeordnet, daß sie bei Problemlösungs- und Entscheidungsprozessen simultan berücksichtigt werden, d.h. daß nach unterschiedlichen Kriterien ausgerichteter Sachverstand gleichzeitig zum tragen kommt. Andeutungsweise war dieses Organisationskonzept im Fallbeispiel durch die zweidimensionale Anordnung von Geschäftsbereichen und Funktionen zu erkennen. Die in der Organisationspraxis verbreitetste Variante ist das zweidimensionale Organisationsmodell in Form der *Matrixorganisation*.

Funktionen Sparten	Finanzen	Personal	Rechnungswesen
Produktgruppe A			
Produktgruppe B			

Abb. 11: Matrixorganisation

Die Matrixorganisation stellt zwei Leitungsebenen, in aller Regel Funktionen und Sparten, gleichberechtigt gegenüber. Sie ist von der organisatorischen Anordnung her auf Förderung des Leistungsverhaltens ausgerichtet. Durch die bewußte Kompetenzüberlagerung zweier (oder auch mehrerer) Leitungssysteme soll bei der Lösung von Sachproblemen ein leistungssteigernder Wettbewerb - in der Abbildung - zwischen Funktions- und Spartenmanagern institutionalisiert werden. Die Matrixorganisation basiert auf dem Prinzip, daß die Wettbewerbssituation die Beteiligten zu Bestleistungen anspornt, um bestehen zu können. Bei der Verteilung knapper Ressourcen, wie z.B. des Budgets für die kommende Periode, müssen die Produktmanager begründete Entwicklungspläne für ihre Produktgruppe präsentieren. Sie werden dabei mit den Funktionsmanagern konfrontiert, die z.B. aus dem Rechnungswesen über die Ergebnisse der Vorperioden verfügen oder aus dem Personalwesen die Personalkosten bei Expansionsplänen einbringen. Bei diesem Wettbewerb kann nur bestehen, wer über eine gute Informationsbasis verfügt und diese argumentativ umsetzen kann.

Idealtypisch wird bei diesem Organisationsmodell angestrebt, die Konfliktkapazitäten auf eine sachlich-intellektuelle Auseinandersetzung zu konzentrieren und sozio-emotionale sowie wertmäßig-kulturelle Auseinandersetzungen zu minimieren. Dies soll zum *ökonomi-*

schen Konfliktoptimum führen (vgl. Krüger, 1973, S. 129; zur Kritik Oechsler, 1979, S.84ff.).

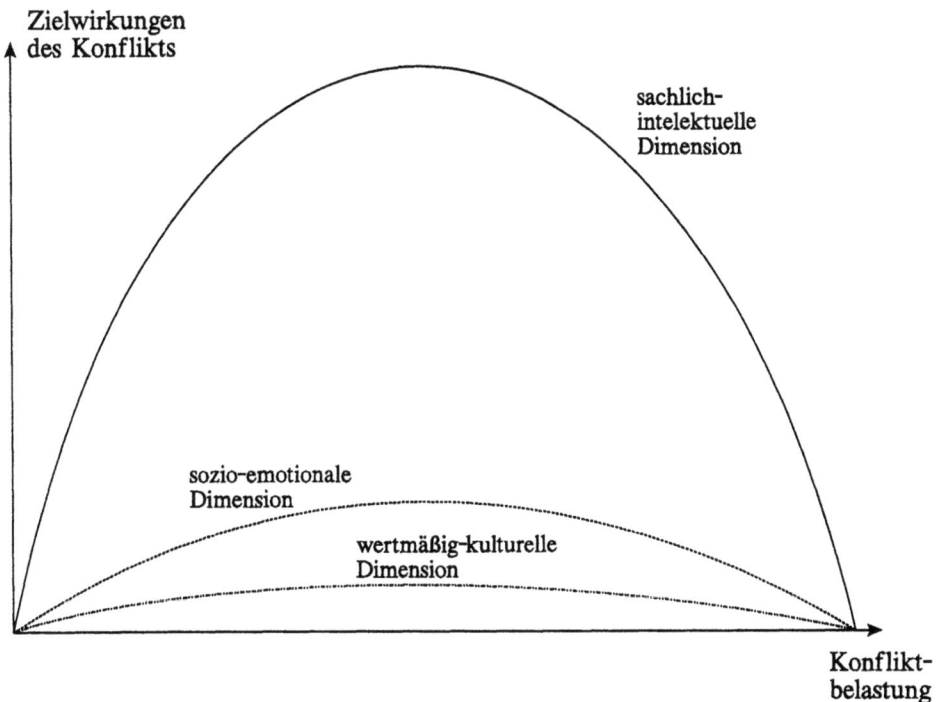

Abb. 12: Ökonomisches Konfliktoptimum

Die Annahme, daß der Leistungsanreiz durch Konfrontation zum ökonomischen Konfliktoptimum führt, erscheint allerdings bei der Heranziehung verhaltenswissenschaftlicher Befunde problematisch.

So führt die Institutionalisierung von Wettbewerb nicht nur zu dem gewünschten Engagement, sondern auch zur Herausbildung und Verfestigung von Wettbewerbshaltungen. Dies zeigt sich dann in der Tendenz, auch Situationen, die kooperativ bewältigt werden könnten, wettbewerbsmäßig anzugehen.

Außerdem besteht bei Konfliktprozessen die Tendenz, sobald die Argumente ausgehen, "sozial-emotional" zu reagieren. Ferner führt der ständige Koordinationszwang dazu, daß länger andauernde Auseinandersetzungen aus Gründen der Aufrechterhaltung der Funktionsfähigkeit des Unternehmens entschieden und beendet werden müssen. Solche Eingriffe in Konfliktprozesse, die beispielsweise durch die Unternehmensleitung vorgenommen werden, ziehen dann unkontrollierbare Konfliktumleitungen nach sich, indem unterdrückter Konfliktstoff auf andere Adressaten und/oder Inhalte kanalisiert wird.

Die Tendenzen bei wettbewerbsorientiertem Leistungsverhalten zeigen, daß sich Konflikte nur bedingt als Mittel zur Leistungssteigerungen eignen. Voraussetzung ist jedenfalls *Konflikt-* und vor allem auch *Konsensfähigkeit* der beteiligten Produkt- und Funktionsmanager, die allerdings durch die herkömmlichen Systeme der Ausbildung bislang nicht systematisch vermittelt werden, von der Praxis allerdings bei der Anwendung mehrdimensionaler Organisationsmodelle vorausgesetzt werden.

5) Formen der Projektorganisation (Projektmanagement)

Die bislang behandelten Modelle der Unternehmensorganisation waren Gesamtmodelle des Aufbaus von Unternehmen. Sie prägen - wie im Fallbeispiel - über einige Jahre den Aufbau eines Unternehmens und stellen damit eine relativ stabile organisatorische Grundstruktur dar. Die Projektorganisation ist dagegen ein flexibles Modell der Unternehmensorganisation, das relativ kurzfristig - eben zum Durchführen bestimmter Projekte - in die organisatorische Grundstruktur eingepaßt werden kann.

Die *Projektorganisation* ist dadurch gekennzeichnet, daß eine definierte Aufgabe von einer Projektgruppe, die frei ihre Formen des Projektmanagements, insbesondere die Mechanismen zur Kooperation und Koordination wählen kann, in einer bestimmten Zeit durchgeführt wird. Dieses flexibel einsetzbare Organisationsmodell eignet sich vor allem zur Bewältigung eigenständiger Aufgaben, die unterschiedlichen Sachverstand bei der Problemlösung erforderlich machen. Die Projektorganisation tritt in verschiedener Form auf, nämlich als Projektkoordination, als reine Projektorganisation und als Matrix-Projektorganisation.

Die *Projektkoordination* sieht vor, daß aus verschiedenen Bereichen der Grundstruktur des Unternehmens Mitarbeiter zu bestimmten Zeiten neben ihrer normalen Tätigkeit in einer Projektgruppe eine bestimmte Aufgabe lösen.

80

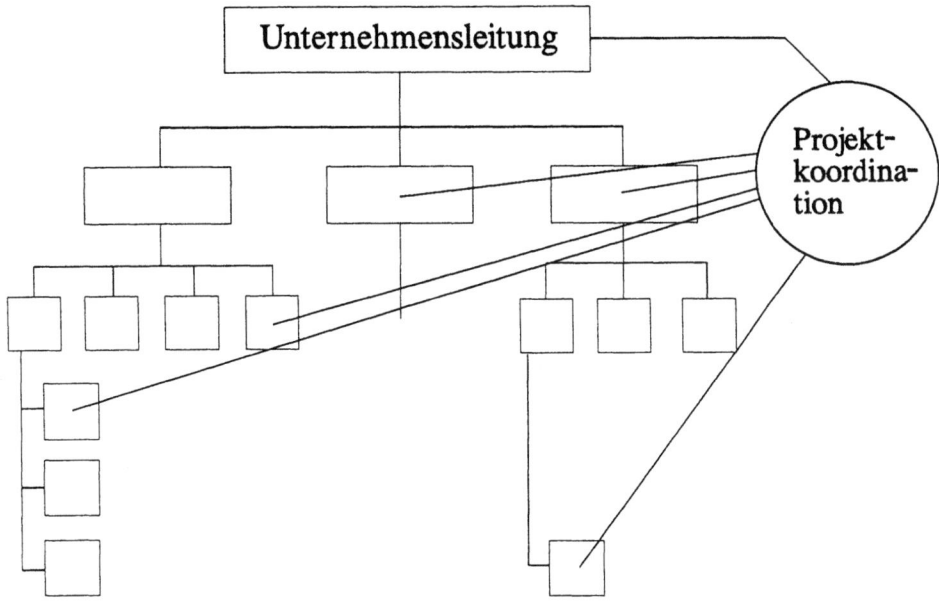

Abb. 13: Projektkoordination

Bei der Projektkoordination tritt ein Kollegium zu festgelegten Zeitpunkten zusammen, wie z.B. zur Erarbeitung eines Entwurfs zur Ausgestaltung des betrieblichen Vorschlagswesens. Hierzu werden Mitarbeiter aus Unternehmensbereichen, in denen vor allem das Innovationspotential ausgeschöpft werden soll, in einer Projektgruppe zusammengefaßt. Diese Form der Projektorganisation eignet sich zur Erarbeitung kleiner Vorschläge und Entwürfe, da die Projektgruppe nicht häufig und immer nur kurz zusammenkommt. Dies geschieht zusätzlich zum Hauptaufgabengebiet der jeweiligen Mitarbeiter.

Bei der *reinen Projektorganisation* werden dagegen die Projektmitarbeiter für die Zeit der Projektarbeit völlig von ihrer normalen Tätigkeit freigestellt. Sie arbeiten in einer sogenannten "task force" und haben schwierigere Projekte durchzuführen wie z.B. die Einführung eines Management-Informationssystems. Für diese Aufgabe werden Mitarbeiter aus allen Funktionsbereichen benötigt, da sie die Anforderungen der Personal-, Marketing-Finanzabteilung etc. an ein Management-Informationssystem aus der Sicht ihrer Funktionsbereiche einbringen sollen. Die Projektgruppe erarbeitet dabei ein verbindliches Konzept und wird danach mit der Bearbeitung eines neuen Projektes betraut oder auch wieder aufgelöst.

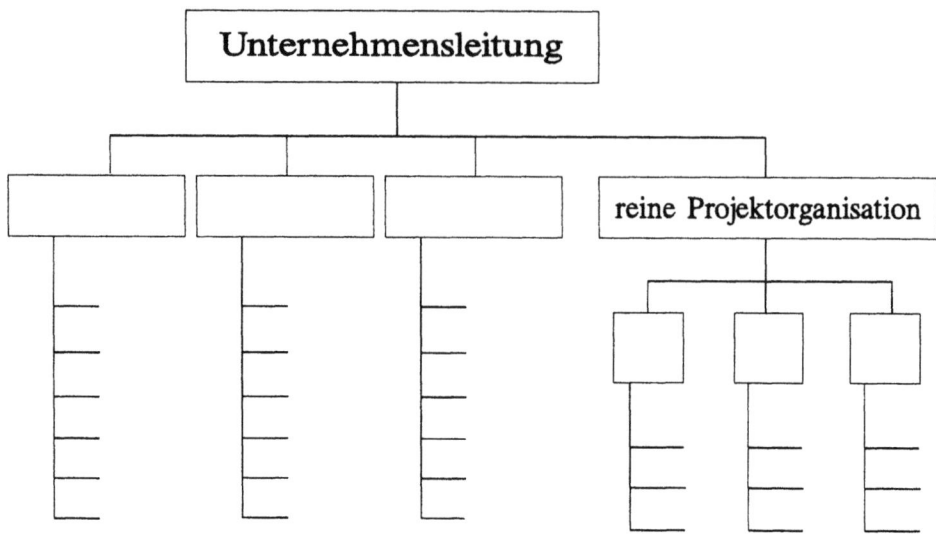

Abb. 14: Reine Projektorganisation

Der Vorteil bei dieser Form der Projektorganisation besteht zwar darin, daß durch eine inter-funktionale Zusammensetzung bereichsübergreifende Projekte mit dem nötigen Sachverstand durchgeführt werden können; dies wird allerdings durch den Nachteil erkauft, daß zwischenzeitlich die Stellen der Projektmitarbeiter vertreten werden müssen und dadurch auch Reintergrationsprobleme der Projektmitarbeiter nach der Auflösung der Projektgruppe auftreten können. Deshalb bietet es sich bei Anschlußprojekten an, derartige Projektgruppen als dauerhafte organisatorische Einheiten einzurichten.

Schließlich kann die Form der *Matrix-Projektorganisation* gewählt werden, wenn bei einer Projektarbeit die Mitglieder einer dauerhaften Projektgruppe auf den Sachverstand von Mitarbeitern aus verschiedenen Bereichen des Unternehmens angewiesen sind. die Matrix-Struktur sieht dabei zwei gleichberechtigte Gruppen vor und ist wiederum auf den leistungssteigernden Konflikt zwischen betroffenen Mitarbeitern und professionellen Projektgruppenmitgliedern angelegt.

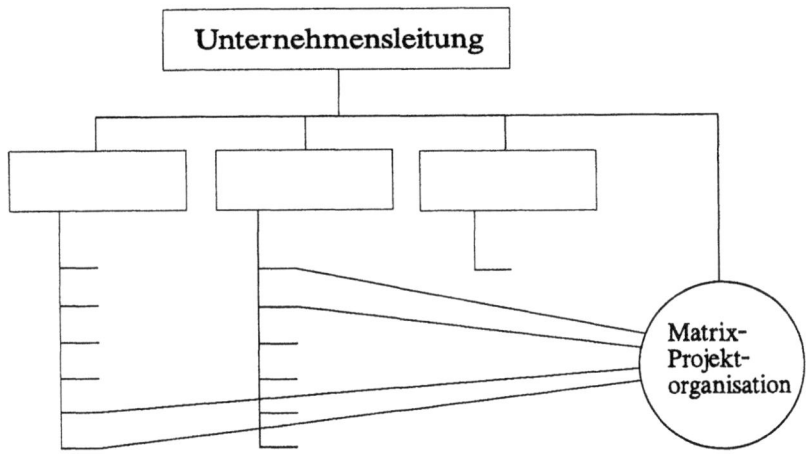

Abb. 15: Matrix-Projektorganisation

Diese Formen der Projektorganisation haben in der Praxis der Unternehmensorganisation eine weite Verbreitung gefunden, da sie sich einmal dazu eignen, den für die Aufgabenbewältigung nötigen Sachverstand in einer Projektgruppe zu konzentrieren und weil sie sich zum anderen flexibel in die vorhandene organisatorische Grundstruktur einpassen lassen. Hinsichtlich der Zuteilung von *Entscheidungskompetenzen* auf die dargestellten Formen der Projektorganisation bzw. des Projektmanagements ergibt sich damit folgendes Bild.

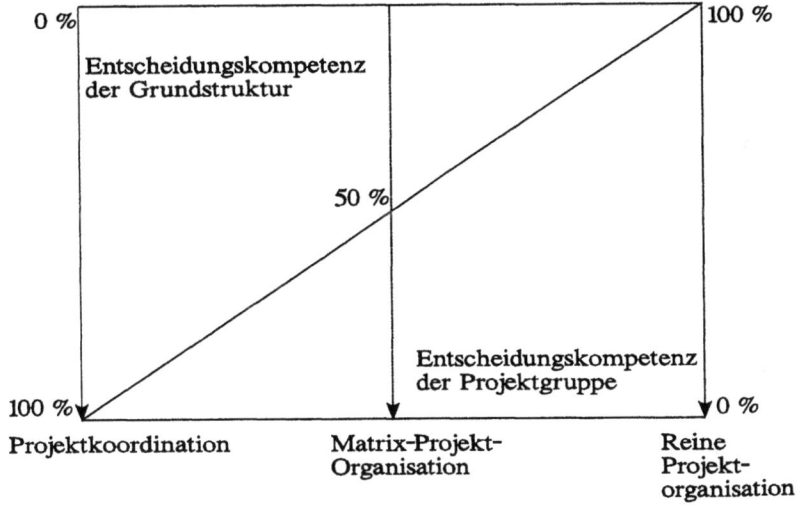

Abb. 16: Entscheidungskompetenzen von Formen der Projektorganisation

Die Formen der Projektorganisation dienen damit der flexiblen Ergänzung organisatorischer Grundmodelle. Sie können zudem mit unterschiedlicher Entscheidungsbefugnis ausgestattet werden, so daß sie je nach Projektaufgabe entscheidungsvorbereitend für die Unternehmensleitung arbeiten oder auch verbindliche Projektlösungen ausarbeiten können.

Formen der Projektorganisation erfordern allerdings bei den Mitgliedern der Projektgruppe *Gruppen- und Teamfähigkeit*. Das bedeutet, daß die Projektmitglieder trotz unterschiedlichem fachlichen Ausbildungshintergrund in der Lage sein müssen, gruppendienlich zu agieren, d.h. z.B. Ressortinteressen zugunsten übergreifender Projektlösungen aufzugeben.

Daraus wird insgesamt deutlich, daß die Grundstrukturen von Modellen der Unternehmensorganisation bestimmte Verhaltensweisen und interpersonelle Fähigkeiten der betroffenen Mitarbeiter erfordern, um die erhofften Wirkungen dieser Modelle tatsächlich erreichen zu können (vgl. dazu Oechsler, 1991).

Die Vermittlung von Gruppen- und Teamfähigkeit macht Schulungen in Laborsituationen erforderlich, um verhaltensgerichtete Lernprozesse zu initiieren und unter Umständen Verhaltensmodifikationen zu bewirken. Die Steuerung derartiger Lernprozesse muß mit erwachsenengemäßen Methoden angegangen und durchgeführt werden.

- Unternehmen werden intern so differenziert, daß sie Anforderungen der Umwelt gerecht werden können.

- Veränderungen der Umwelt erfordern organisatorischen Wandel, um das "Fit" aufrechtzuerhalten.

- Das "Fit" erfordert eine Abstimmung von Umwelt, internen Strukturen und Verhalten der Mitarbeiter.

Abb. 17: Merkposten aufgrund des Kontingenzansatzes

2.2 Führungsmodelle aus der Sicht des Konsistenzansatzes: der kulturvermittelnde "Königsweg" des internen "Fit"

Im Gegensatz zur kontingenztheoretischen Hypothese steht die Grundannahme des Konsistenzansatzes. Ein bestimmtes Modell der Organisation und Führung ist demnach in der Lage, unabhängig von Umweltentwicklungen zum Unternehmenserfolg zu führen, sofern es nur in sich konsistent ist und eine entsprechende Unternehmenskultur vermitteln kann.

Ein derartiger Anspruch war mit dem Harzburger Modell verbunden. Im deutschsprachigen Raum hat im Zuge des wirtschaftlichen Aufschwungs der 60er und 70er Jahre vor allem das sog. "Harzburger Modell" weite Verbreitung gefunden. Dies läßt sich allein schon dadurch belegen, daß an der Akademie für Führungskräfte in Bad Harzburg bis 1970 ca. 370 Unternehmen und Verwaltungen geschult wurden und 1970 ca. 35.000 Kursteilnehmer registriert wurden (vgl. Guserl/ Hofmann, 1976).

Die Verbreitung des Harzburger Modells (vgl. Höhn/Böhme, 1974) ist wohl auf den allgemeinen Geltungsanspruch zurückzuführen, d.h. es soll auf alle Organisationen mit hierarchischem Aufbau anwendbar sein. Ferner ist es auf Leistungssteigerung ausgerichtet, will eine Alternative zum autoritär-patriarchalischen Führungsprinzip bieten, indem es den selbständig denkenden und handelnden Mitarbeiter anstrebt und gleichzeitig damit den gesellschaftspolitischen Anspruch verbindet, den zeitgemäßen Staatsbürger heranzubilden.

Um diese Ansprüche zu erreichen, dient als Grundprinzip die Delegation von Verantwortung. Dadurch sollen Entscheidungen nicht mehr von der Unternehmens- bzw. Verwaltungsspitze allein getroffen werden:

- Festumrissene Aufgabenbereiche sollen mit der Kompetenz ihrer Bearbeitung und persönlichen Verantwortung für das Ergebnis auf tiefere hierarchische Ebenen übertragen werden.

- Das Resultat sind dann Führungsebenen mit bestimmten Aufgabenbereichen, die durch Stellenbeschreibung festgelegt sind, und eigenverantwortliche Entscheidungen, in die der Vorgesetzte nicht eingreifen darf (Ausnahmen bei außergewöhnlichen Fällen).

- Der Vorgesetzte erhält die Führungsverantwortung und hat Mitarbeiterbesprechungen und Dienstgespräche als Führungsmittel. Der Mitarbeiter erhält die Handlungsverantwortung.

- Durch die allgemeine Führungsanweisung werden in Form eines Organisationshandbuchs z.B. Entscheidungsbereiche und Ausnahmefälle geregelt.

Die wesentlichen Inhalte der "Allgemeinen Führungsanweisung" sind in der folgenden Zusammenstellung wiedergegeben.

- Darstellung des Wesens der Führung im Mitarbeiterverhältnis in Gegenüberstellung zur autoritären Führung
- Kennzeichnung der Delegation von Verantwortung als Kernstück der Führung im Mitarbeiterverhältnis
- Pflichten des Mitarbeiters gegenüber seinem Vorgesetzten
- Pflichten, die der Vorgesetzte gegenüber seinen Mitarbeitern wahrzunehmen hat
- Handlungs- und Führungsverantwortung
- Mitarbeitergespräch und Mitarbeiterbesprechung
- Dienstgespräch und Dienstbesprechung
- Dienstaufsicht und Erfolgskontrolle
- Anwendung von Kritik und Anerkennung
- Grundsätze für die Information
- Regeln für das Zusammenspiel zwischen Stab und Linie sowie der Stäbe untereinander
- Einschaltung von Teams und ihre Arbeitsweise
- Funktion des Rundgesprächs und seine Regeln
- Handhabung von Einzelaufträgen
- Regelung der Beschwerde
- Stellung und Aufgabe des Fachvorgesetzten
- Stellung des Disziplinarvorgesetzten sowie die Grundsätze für die Verhängung von Disziplinarmaßnahmen

---

Abb. 18: Allgemeine Führungsanweisung

Angesichts dieses Katalogs wird im Harzburger Modell soviel vorgeschrieben und auch einzelfallbezogen geregelt, daß von dem Motivationspotential, das man sich mit der Delegation von Aufgaben auf die Mitarbeiter verspricht, nicht viel übrig bleiben dürfte.

Wenn die einzige Variable im Modell, nämlich die Delegation, über die Mitarbeiter motiviert werden sollen, eine Regelungsdichte nach sich zieht, die den Regelungsbedarf bei weitem übersteigt, dann dürfte naheliegen, daß Delegation wohl mit den verkehrten Mitteln zu erreichen versucht wird. Damit stellt sich die Frage, ob die recht hochgesteckten Ansprüche erfüllt werden können.

- In dieser Beziehung ist einmal festzustellen, daß der Allgemeingültigkeitsanspruch unrealistisch ist, da wohl unterschiedliche Arbeitssituationen wie am Fließband, in einem Kaufhaus oder einer Forschungs- und Entwicklungsabteilung schon allein wegen technischer Bedingungen und unterschiedlicher Aufgaben keine durchgängige Anwendung des Delegationsprinzips zulassen (vgl. Reber, 1970). Dies ist die Annahme des Konsistenzansatzes.

- Zum anderen wird durch die eingesetzten Führungsmittel zwar eine Entlastung der Führungsspitze erreicht, die sich damit ihren "eigentlichen Führungsaufgaben" widmen kann und die mit einer Fülle von Sanktionsmitteln ausgestattet ist; auf die Mitarbeiter werden dann aber lediglich Routineaufgaben delegiert. Zudem sind die Mitarbeiter von einer Regelungsdichte umgeben, die darauf schließen läßt, daß das autoritär-patriarchalische Führungsprinzip durch ein autoritär-bürakratisches ersetzt wurde.

- Schließlich stellt sich die Frage, ob dermaßen "geregelte" Mitarbeiter dem Bild des zeitgemäßen Staatsbürgers entsprechen, wenn faktisch anstatt einer Führung im Mitarbeiterverhältnis eine Führung im Untergebenenverhältnis erreicht wird.

Auch aus einer empirischen Erhebung, die fallstudienartig 13 Unternehmen erfaßte, ergibt sich, daß die Praxis eine Reihe von Mängel am Harzburger Modell äußert, nämlich (vgl. Guserl/Hofmann, 1976):

- Förderung des Ressortdenkens und der Bürokratisierung

- Fehlen individueller Möglichkeiten zur Flexibilität

- Fehlen eines Planungs- und Beurteilungssystems

- Aufblähen der Hierarchie und Fehlen eines Organisationsentwicklungskonzeptes.

Diese beispielhaften Befunde lassen den Schluß zu, daß das Harzburger Modell ein relativ starres Grundgerüst besitzt, dem es an unternehmenspolitischen und mitarbeiterbezogenen Instrumenten mangelt (vgl. Steinle, 1975).

Deshalb hat sich auch in den letzten Jahren eine Entwicklung abgezeichnet, nach der das Harzburger Modell in der Unternehmenspraxis zunehmend von dem Führungsmodell "Management by Objectives" abgelöst wurde.

Das Harzburger Modell hat nur über einen bestimmten Zeitraum Konsistenz gezeigt und war dann den Anforderungen nicht mehr gewachsen, aus der Kontrollkrise zu führen. Diese Leistung wird vor allem von Planungs- und Kontrollsystemen erbracht, die auf der Konzeption des *Management by Objectives* aufbauen.

Das Führungsmodell "Management by Objectives" (MbO) beruht auf der generellen Annahme, daß durch Führung über Ziele - im Gegensatz zu durchstrukturierten Aufgaben - Initiative, Kreativität und Flexibilität der Mitarbeiter bei Mittelentscheidungen gefördert werden.

Auf diese allgemeine Verhaltensannahme ist es zurückzuführen, daß in der betrieblichen Praxis dann mehrere Varianten des MbO anzutreffen sind, die beispielsweise hinsichtlich der Zielfindung von Zielvorgaben bis zu partizipativer Zielvereinbarung reichen. Aus der Art der Zielfindung sind deshalb auch differenzierte Verhaltenswirkungen zu erwarten, die bislang allerdings noch kaum erhoben und überprüft wurden. Erste Ergebnisse bestätigen allerdings eine größere Transparenz und Übereinstimmung der Ziele bei den Mitarbeitern in MbO-geführten Unternehmen als in Unternehmen ohne MbO (Oechsler, 1980).

Voraussetzung für den erfolgreichen Einsatz des MbO ist die kooperative Zielfindung. Alle Managementebenen sollten in den Zielplanungs- und Kontrollprozeß eingeschaltet sein. Um das Leistungspotential des Managements auszuschöpfen, müssen die Subziele im Rahmen der gesamten Zielkonzeption einerseits operational, andererseits aber weder zu hoch noch zu niedrig angesetzt werden. Schwierigkeiten ergeben sich, wenn interfunktionale Entscheidungen in einem Teilbereich gefällt werden müssen (z.B. wenn Entscheidungen im Produktionsbereich über das Fertigungsprogramm absatzwirtschaftliche Entscheidungen tangieren). Die Diskrepanz zwischen Teilinteressen und der Optimierung des Gesamtinteresses kann auch vermieden werden, wenn diese interfunktionalen Entscheidungsprobleme zentral gelöst werden. Eine erfolgreiche Durchsetzung der Zielvorgaben ist nur unter folgenden Bedingungen realisierbar:

- Das Zielsystem muß durchgehend operationalisiert werden unter Ausschaltung von Zielkonflikten.

- Es muß ein vertikales wie ein horizontales Informations- und Kommunikationssystem existieren.

- Die Zielvorgabe muß nach Inhalt und Ausmaß der Motivationsstruktur der Betroffenen entsprechen.

- Den verschiedenen Managementebenen muß ein adäquater Entscheidungs- und Handlungsspielraum zugestanden werden.

- Die Führungskräfte müssen über Inhalt und Ausmaß der Ansprüche informiert sein, die im Rahmen der Zielvorgabe gestellt werden. Nur so wird die Eigenkontrolle ermöglicht.

- Auf der Basis von Soll-Ist-Vergleichen läßt sich eine Leistungsbewertung durchführen, die auch Aufschluß über personale Entwicklungsprogramme geben soll.

Fallbeispiel: Controlling in einem Großunternehmen

Das Großunternehmen - ein multinationales Unternehmen der Elektrobranche - zählt schon immer zu den erfolgreichsten Unternehmen nach Fortune's Liste. Dieses Unternehmen weist konsistent eine traditionelle Stab-Linien-Organisation auf, wobei die Linie beim operativen Geschäft Entscheidungskompetenz hat und dem Stab z.B. als Controller eine Freigabeentscheidung zukommt.

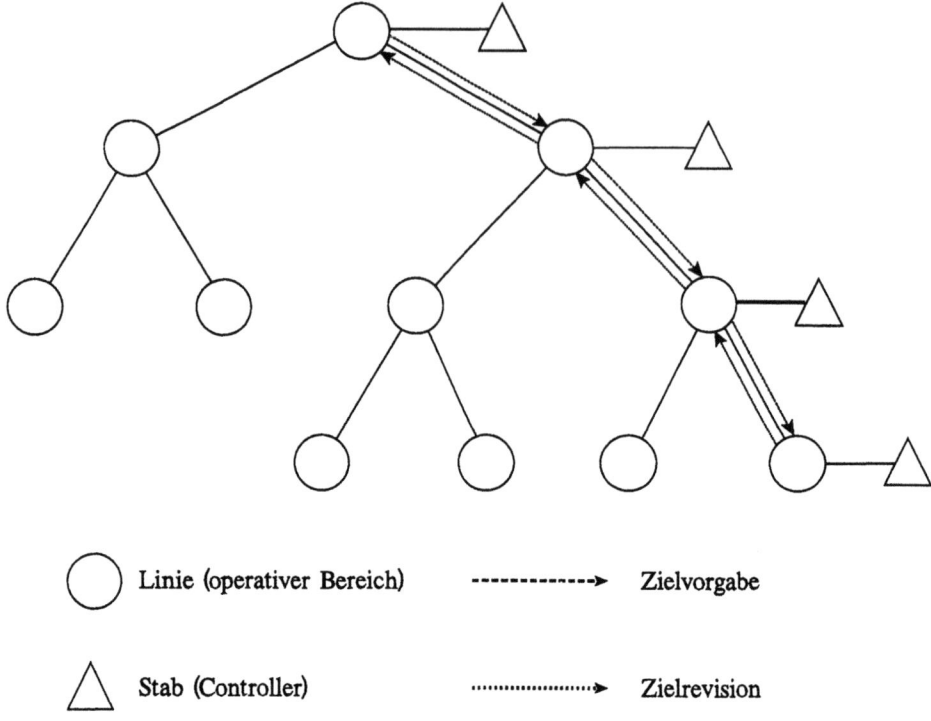

⬤	Linie (operativer Bereich)	- - - - - - - ->	Zielvorgabe
△	Stab (Controller)	·············>	Zielrevision

Abb. 19: Stab-Linien-Organisation

Vereinfacht dargestellt erhält die deutsche Niederlassung dieser multinationalen Unternehmung eine Zielvorgabe von der Konzernleitung für das kommende Jahr, die z.B. aus einer Gewinnsteigerung von 5% besteht. Im Unternehmen wird dann dieses Ziel von Unternehmungsleitung und Controller in Zielvorgaben im Kosten- und Erlös-Bereich heruntergebrochen und in Form eines Top-down-Prozesses über die Controller-Organisation den operativen Linieninstanzen vorgegeben. Diese haben die Realisierbarkeit der Zielvorgaben zu überprüfen und mit dem zuständigen Controller in einen Dialog einzutreten, bei dem die Realisierbarkeit der Zielvorgabe argumentativ überprüft wird und ein Bottom-up-Prozeß eingeleitet wird.

Als Prinzip bei diesem Zielfestlegungsprozeß gelten "Check" (= überprüfe die Begründungskraft der Argumente des anderen) und "Balance" (= versuche, einen Ausgleich zwischen unterschiedlich begründeten Ansprüchen zu finden) sowie "Commitment" (= strebe eine verpflichtende Vereinbarung an).

Der Zielfestlegungsprozeß ist zudem nach dem *Stab-Linien-Konzept* organisiert, d.h. die Linie als direkte Funktion hat die Verantwortung für die Realisierung vereinbarter Ziele, während die Controller in Stabsfunktion durch Beratung und Information unterstützen müssen. Ihre Stabsfunktion ist allerdings dadurch aufgewertet, daß sie eine Freigabeentscheidung für die Linie geben müssen, die nur erfolgen kann, wenn eine Plan- bzw. Zielvereinbarung zustande gekommen ist.

Weiterhin beruht das System der Organisation und Führung auf der Kombination von Management by Objectives, Management by Delegation und Management by Exception, zu denen noch die unternehmensspezifische Konzeption des Management by Commitment kommt.

```
* Management by

    - Objektives
          Führung nach Zielsetzung

    - Delegation
          Führung durch Übertragung
          von Verantwortung

    - Exception
          Ausnahmeentscheidungen durch
          höheren Vorgesetzten

* Management by Commitments
  Plan = Verpflichtung
```

Abb. 20: Führungssystem

Hier tauchen die Management-Konzeptionen MbO (Management by Objectives), MbD (Management by Delegation) und MbE (Management by Exception) auf, die um Management by Commitments erweitert werden. Diesem Teil, daß nämlich aus einem Plan oder Planwert, über den man sich geeinigt hat, eine Verpflichtung zur Realisation resultiert, kommt eine tragende Bedeutung zu.

Auf der Grundlage dieses Systems der Organisation und Führung ist Controlling als Planungs- und Kontrollsystem institutionalisiert.

Mit diesem Controlling-System wird eine bestimmte Unternehmenskultur vermittelt, die konsistent sicherstellt, daß Führungskräfte ihren Arbeitsbereich intensivieren und immer vorausdenken, so daß Überraschungssituationen ausbleiben sollen.

Dieses Fallbeispiel zeigt, daß es einem Unternehmen gelingen kann, mit einem bestimmten System der Organisation und Führung unabhängig von wechselnden Anforderungen der Umwelt erfolgreich zu sein, sofern nur eine interne Konsistenz der Managementhaltung erzeugt wird.

Der Konsistenzansatz läßt sich tendenziell weiterhin stützen durch Ergebnisse der kulturvergleichenden Managementforschung. Die aus der Beratungspraxis der Unternehmensberatung Mc Kinsey gewonnenen Erfahrungen stützen in Form des sog. 7-S-Konzeptes die Annahme, daß erfolgreiche US-amerikanische Unternehmen die harten S (Strategy, Structure, Systems), während japanische Unternehmen die weichen S (Skills, Staff, Style) betonen (vgl. Pascale/Athos, 1981; Peters/Waterman, 1984).

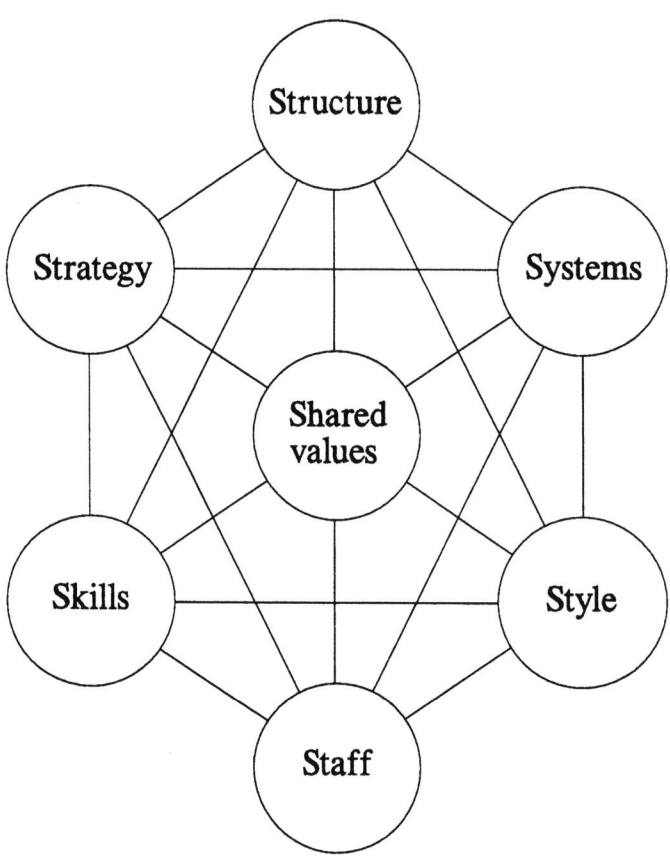

Abb. 21: 7-S-Konzept

Wenn auch die methodische Vorgehensweise umstritten ist, die zu diesem Konzept geführt hat (vgl. Frese, 1985), so ist die Annahme doch plausibel, daß kulturspezifisch jeweils bestimmte Variablengruppen des Organisations- und Führungsmodells konsistent im Vordergrund stehen und insgesamt zu einer unterschiedlichen Unternehmenskultur (shared values) führen (vgl. Wächter, 1985)

Implizit weisen auch *evolutionstheoretische Ansätze* auf Annahmen des Konsistenzansatzes hin, wenn diese auch auf einer makrotheoretischen Perspektive anzusiedeln sind. In einer ersten Variante wird das Überleben und die Evolution von Unternehmen abhängig gesehen von der Fähigkeit, seine Ressourcen zu kontrollieren.

In einer zweiten Variante wird ein Ausleseprozeß des Marktes angenommen, auf dem nur diejenigen Unternehmen überleben können, die sich durch Variation durchsetzen können, während andere Unternehmenstypen nicht überleben. Dieser sog. population-ecology-Ansatz stützt sich auf naturgesetzliche Ausleseprozesse, bei denen sich bestimmte Unternehmenstypen analog der Konsistenzannahme durchsetzen können, während andere wie Dinosaurier zugrunde gehen (vgl. Kieser, 1988).

- Bestimmte Systeme der Organisation und Führung sind für bestimmte Unternehmen adäquat, unabhängig von Umweltänderungen.

- Diese Systeme müssen nur in der Lage sein, konsistent eine bestimmte Unternehmenskultur zu vermitteln.

Abb. 22: Merkposten des Konsistenzansatzes

2.3 Führung aus der Sicht des mikropolitischen Ansatzes: "Arenen der Irrationalität"?

Während im Rahmen des Konsistenzansatzes davon ausgegangen wird, daß es z.B. möglich ist, für ein Unternehmen durchgängig ein konsistentes Zielsystem zu erarbeiten (vgl. das Fallbeispiel zu Controlling), wird im mikropolitischen Ansatz dagegen gehalten, daß Unternehmen nicht derart rational durchstrukturiert werden können. In der Realität nehmen nämlich unterschiedliche Organisationsteilnehmer Einfluß auf das "offizielle" Zielsystem, wobei sie insbesondere ihren eigenen Vorteil suchen.

Unternehmen präsentieren sich entsprechend als Arenen für die Austragung von Interessenkonflikten unterschiedlichster Koalitionsteilnehmer, wobei vor allem Karrierestrategien verfolgt werden, die insgesamt zu Suboptimierung und Irrationalitäten in der Organisation führen. Auf der Grundlage des mikropolitischen Ansatzes lassen sich Spielhandlungen in Organisationen folgendermaßen charakterisieren (vgl. Neuberger, 1990, S. 269ff.).

- Beziehungen herstellen und pflegen: Jasagen, Koalitionen, Mauscheln, Seilschaften

- Fremdsystemeinfluß einsetzen/nutzen: Beziehungen zu Parteien, Verbänden

- Chancen suchen/nutzen: auffallen, sich bewähren

- sich unentbehrlich machen: Fachkompetenz, Loyalität

- Anpassung an Organisationsnormen: Kleidungs- und Grußsitten, Teilnahme an Feiern

- sich selbst positiv darstellen: Ergebnisse frisieren, Heldenstories, Personenkult

- andere Negativ darstellen: verleumden, Gerüchte verbreiten

- Informationsfluß kontrollieren: Protokolle färben, Kollegentratsch nutzen

- den Handlungsspielraum anderer begrenzen: blockieren, desinformieren, erpressen

- Ansprüche anderer zurückweisen/umgehen: Grenzen setzen, schneiden

- Abhängigkeit spüren lassen: Sabotage, Verzögern, Kleinkrieg

- eigene Freiräume sichern: Kontrolleure austricksen, bummeln, Kantinenbesuche

Abb. 23: Mikropolitische Spielhandlungen

Die mikropolitischen Spielhandlungen in Unternehmen sind ein Ausdruck von Macht-kämpfen und Interessenkonflikten, die sich darum zentrieren, Einfluß und Prestige sowie Kontrolle über Ressourcen zu gewinnen (vgl. Morgan, 1989 a, S. 141ff.).

Damit verlieren gleichzeitig konsistente Befehls-Gehorsam-Modelle an Bedeutung und Ver-handlungsprozesse sowie wechselnde Koalitionen treten in den Vordergrund. Die aktuelle Mikropolitik in Organisationen hat ihren Ausgangspunkt in einer Vielzahl unterschiedlicher Interessen und den sich daraus ergebenden Beeinflussungs- und Aushandlungsprozessen. Mikropolitik ist damit der Versuch von Organisationsmitgliedern, durch Koalitionsbildung in der und gegen die Organisation die eigenen wie die gruppenspezifisch-partikularistischen Ziele zu erreichen und die Verteilung der organisationalen Belohnungen zu eigenen Gunsten bzw. zu Ungunsten anderer zu verändern (Bosetzky, 1987, Sp .138; Bosetzky, 1988, S. 27-37).

Auf dieser Grundlage werden Unternehmen als von Politik durchwirkt gesehen mit der Folge, daß Entscheidungen das Ergebnis politischer Spiele sind, an denen prinzipiell alle beteiligt sein können und deren Ergebnis damit schwer berechenbar ist (vgl. Kasper, 1990, S. 296f.).

Der mikropolitische Ansatz nimmt insgesamt für sich in Anspruch, die Realität von Orga-nisations- und Führungsmodellen abzubilden, die von dem gewollten systematischen Soll-Konzept doch erheblich abweicht. Ebenso wie aus dem Gegensatz zwischen formaler und informaler Organisation kommen durch Mikropolitik Chancen auf, Lücken auf Wider-sprüche in gesatzten, formalisierten Ordnungen zu nutzen, um auch Neuerungen durch-zusetzen (vgl. Morgan, 1989a).

Mikropolitiker finden sich im Labyrinth von Normen und Regeln spielerisch zurecht und versuchen, interne und externe Gegner niederzuringen (vgl. Neuberger, 1984; Neuberger, 1990; ferner Kasper, 1990).

Trotz formalisierter Systeme der Organisation und Führung werden Unternehmen von Mi-kropolitikern informell beherrscht.

Mit dem mikropolitischen Ansatz wurde ein Konzept entwickelt, mit dem zum einen nach Spielräumen oder strukturellen Grenzen für Arenen der Austragung von Interessenkonflikten in Unternehmen gesucht werden kann und zum anderen auch nach der Konstitution, Lockerung, Verschiebung, Überschreitung oder Aufhebung dieser Grenzen durch das mi-kropolitische Agieren von Koalitionsteilnehmern des Unternehmens (vgl. Küpper/Ortmann, 1988, S. 8).

- Systeme der Organisation und Führung funktionieren nicht mit durchgängig konzipierter Systemrationalität.

- Es gibt immer Spielräume innerhalb des formalen Organisations- und Führungssystems, die als Arenen für die Austragung von Interessenkonflikten genutzt werden.

- Koalitionsteilnehmer des Unternehmens nutzen diese Spielräume und suchen über Spielhandlungen ihre eigenen Vorteile.

- Über die Gestaltung dieser Spielräume selbst kann Mikro- bzw. Machtpolitik im Unternehmen betrieben werden.

Abb. 24: Merkposten des mikropolitischen Ansatzes

Im mikropolitischen Ansatz wird auf die Fiktion hingewiesen, Unternehmen konsistent rational durchzustrukturieren. Planungs- und Kontrollsysteme allein führen damit nicht nur zu einer Bürokratie-, sondern auch zu einer Emanzipationskrise, die wiederum durch Teamkonzepte bekämpft werden kann. Derartige Konzepte werden neuerdings im Rahmen des sytemtheoretischen Ansatzes entwickelt.

2.4 Organisation und Führung aus der Sicht des Systemansatzes: Evolution durch Selbstorganisation ?

Sytemtheoretische Ansätze haben sich aus der Kritik der funktionalistischen Systemtheorie, bei der Systeme der Organisation und Führung schlicht Mittel zur Erfüllung übergeordneter Zwecke waren, über die Annahme, daß es funktionale Äquivalenzen zur Erfüllung eines Zweckes gibt, entwickelt bis zu Ansätzen, bei denen Selbstorganisation im Vordergrund steht. *Selbstorganisation* bedeutet, daß Systemmitglieder über Selbstbeobachtung zu Erkenntnissen gelangen, die zu neuen, selbst gewählten Organisationsformen führt.

Dabei ist es auch möglich, daß Systemgrenzen geändert bzw. neu bestimmt werden. Die Systemgrenze läßt sich nämlich als sog. Leitdifferenz ausdrücken, die eine Abgrenzung zur Umwelt ermöglicht. Systeme grenzen sich nach ihren jeweiligen Umwelten durch eine Differenz in Strukturbildung und Interaktionen ab. Diese Grenzen lassen sich variieren, wofür die Konzernbildung ein anschauliches Beispiel ist.

Das Organisationsproblem besteht darin, Strukturbildung im System, die auf relative Dauer angelegte Handlungsorientierungen erreichen soll, so zu betreiben, daß individuelle Freiräume für Selbstbeobachtung und Selbstorganisation bestehen. Erst Selbstbeobachtung läßt die Erkenntnis von Problemlagen zu (vgl. Kasper, 1990), wobei dies in teamartig interagierenden Prozessen "objektiviert" werden kann.

Selbstorganisation als Herausbildung neuer Strukturen und Interaktionsmuster setzt damit Teamfähigkeit und kommunikative Kompetenz voraus und ermöglicht evolutionäre Organisationsentwicklungsprozesse. Es wird dabei die Kompetenz der Betroffenen in den Organisationsentwicklungsprozeß eingespeist, was der Tendenz folgt, daß jede Führungskraft sein eigener Personalverantwortlicher sein sollte, um seinen Aufgabenbereich intensivieren zu können (vgl. Schartner, 1990).

Dadurch werden, verteilt auf das ganze System, Reflexionspotentiale geschaffen, die darauf angelegt sind, die Prozesse im System zu beobachten und darauf durch Handlungen zu reagieren, was zu selbstorganisierenden Prozessen führt, die eine geplante Evolution darstellen (vgl. Kirsch 1990, S. 266ff.).

Diese Prozesse finden sich in Form des Selbstmanagements in allen Systemen. Das formale Management greift in diese Prozesse ein und zwingt Handlungen durch formale Organisation eine Ordnung auf. Je enger das formale und bürokratische Korsett dieser Ordnung ist, desto geringer sind die Freiräume für selbstorganisierende Prozesse. Selbstorganisation und Zufall werden über Managementaktivitäten herkömmlicherweise durch Formalisierung und Stabilität ersetzt, wodurch dem System Spontanität, Kreativität und Unkonventionalität verloren gehen.

Diese durch die Bürokratie ausgelöste Problemlage legt es nahe, wieder organisatorische Freiräume zu schaffen, die Prozesse der Selbstorganisation zulassen. Die hierfür erforderlichen lockeren organisatorischen Bedingungen lassen teamartige Interaktionsbeziehungen zu und erfordern Schlüsselqualifikationen im kommunikativen und sozialen Bereich, wie sie bei empirischen Analysen von Anforderungen an das Management gefunden wurden (vgl. Brinkmann, 1985).

Derartige Prozesse der Selbstorganisation setzen weiterhin kommunikative Kompetenzen voraus, um eine Auseinandersetzung über Strukturen und Handlungen zuzulassen.

In diesem Zusammenhang ergibt sich eine interessante Verknüpfung zwischen Systemtheorie und der Theorie des kommunikativen Handelns (vgl. Habermas, 1981), wobei aber nicht ganz geklärt ist, wie das Verhältnis von Strukturbildung und Freiräumen für selbstorganisierende Prozesse gestaltet werden soll. Dies betrifft insbesondere die Problematik des Schaffens eines "herrschaftsfreien" Raums für die Einleitung und Durchführung von Prozessen der

Selbstorganisation. Selbstorganisierende Prozesse werden wie folgt erklärt (Kasper 1990, S. 350):

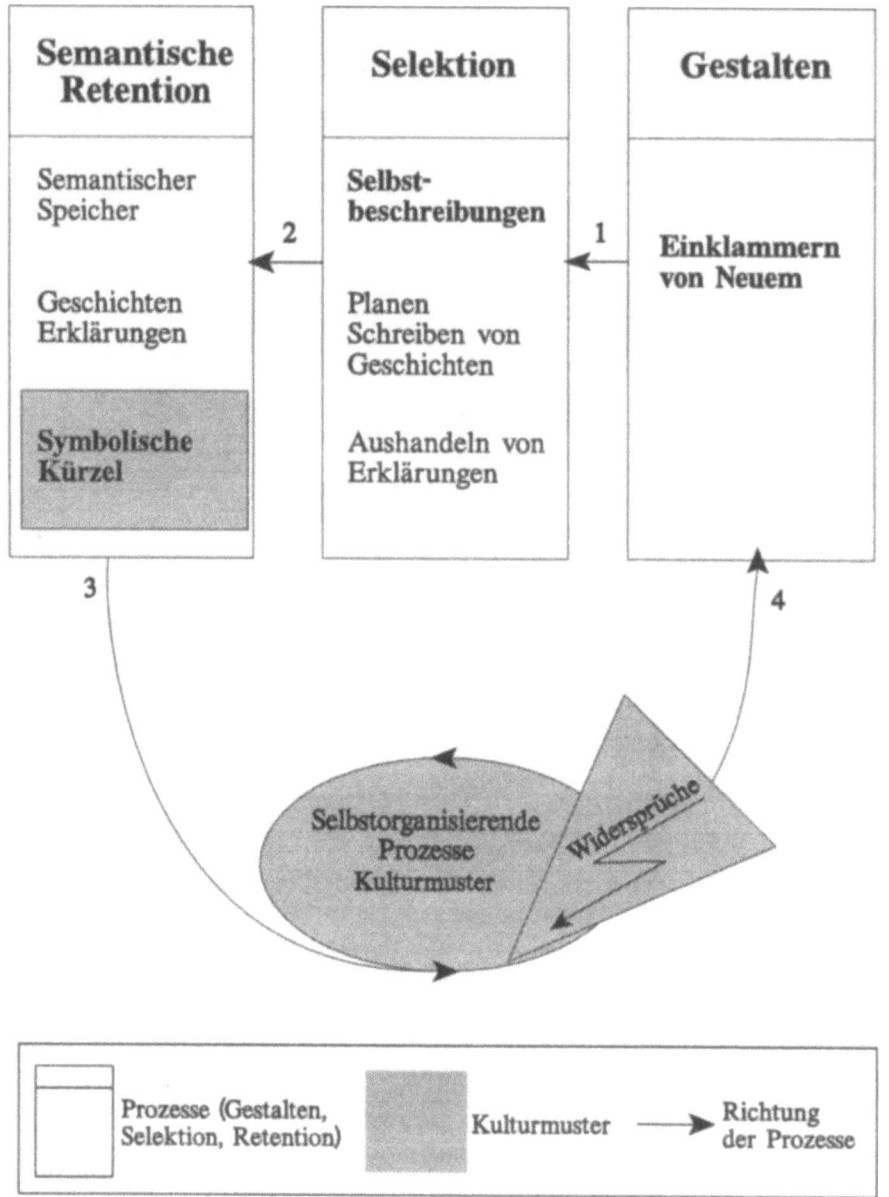

Abb. 25: Selbstorganisierende Prozesse

Über Gestalten (1) wird in der Unternehmung aufgrund aufgetretener Widersprüche (4) gesprochen, diskutiert und auch gestritten, ohne daß man zu einer Einigung kommen muß. Die in diesem Selektionsprozeß (2) gefundenen Erklärungen (z.B. Protokolle) können losgelöst vom Einzelfall in dem *semantischen Speicher* des Systems (3) aufgenommen und dort generalisiert werden. Sie gelten dann als abgespeichert, wenn sie in künftigen Selektionsprozessen abgerufen werden und bei Prozessen der Selbstorganisation verarbeitet werden. Diese Prozesse laufen allerdings nicht in einem Vakuum ab, sondern innerhalb einer bestehenden Organisation des Systems. Die bestehende Organisation beeinflußt damit ebenso selbstorganisierende Prozesse wie sie selbst von diesen beeinflußt wird.

Der Erkenntnisfortschritt durch die neuere Systemtheorie kann folgendermaßen zusammengefaßt werden (vgl. Kasper, 1990, S. 220f.).

- Systemdenken bedeutet immer Denken in Zusammenhängen.

- Zusammenhänge sind meist nicht linear und kausal, sondern vernetzt und eng oder lose verknüpft.

- Auf systemischer Grundlage ist man bei der Komplexitätsreduktion gezwungen, die für ein System "kritischen" Variablen auszusuchen und nicht nur diejenigen, die man leicht im Griff hat.

- Bei der Steuerung komplexer Systeme kommt es wesentlich darauf an, Prozesse immer auch im Systemzusammenhang zu sehen und nicht isoliert.

- Ziel der Theorie ist nicht mehr, künftiges Verhalten im Detail vorauszusagen. Gefragt ist vielmehr die Voraussage von Verhaltensmustern, Funktionszusammenhängen, Problemkonstellationen und Entwicklungslinien, deren Kenntnis die Wahrscheinlichkeit erhöht, bestimmte Ereignisse herbeiführen oder verhindern zu können.

- Selbstorganisierende Prozesse bauen dabei auf die Kompetenz derjenigen, die vor Ort mit den Funktions- und Problemzusammenhängen konfrontiert sind.

Abb. 26: Merkposten der neueren Systemtheorie

3. Gestaltungsimplikationen für die Unternehmenspraxis

Die Anwendung von theoretischen Erklärungsansätzen auf Wahl und Ausgestaltung von Systemen der Organisation und Führung von Unternehmen hat gezeigt, daß diese Erklärungsansätze die Wahl bestimmter Systeme der Organisation und Führung für bestimmte Entwicklungsstadien von Unternehmen zumindest plausibel machen.

So läßt sich über den *Kontingenzansatz* erklären, daß Unternehmen Organisationsmodelle anhand von Differenzierungskriterien wählen, die eine Antwort auf Umweltkomplexität darstellen und damit die interne Entscheidungs- bzw. Problemlösungsfähigkeit erhöhen sollen. Für Unternehmen ist bedeutsam, daß durch Differenzierung und Integration analog den Umweltanforderungen eine Organisation geschaffen und fortentwickelt werden soll, die in der Lage ist, Umweltsegmente zu beherrschen, wie z.B. den technischen Fortschritt durch die Forschungs- und Entwicklungsabteilung.

Es dürfte unstrittig sein, daß Unternehmen, zumindest was die Differenzierung der organisatorischen Grundstruktur angeht, bestimmten problematischen Umweltsegmenten Abteilungen gegenüberstellen, die Entwicklungen in diesen Umweltsegmenten verfolgen und mit jeweils entsprechenden internen Leistungen reagieren. Dies gilt über die Gestaltung der Grundstruktur hinaus auch für flexible Organisationsmodelle wie die Projektorganisation, die gerade für neu auftretende Probleme flexibel in die Grundstruktur integriert werden kann.

Insofern läßt sich auch der vermeintliche Gegensatz zum Konsis-tenzansatz auflösen. Unternehmen können bei stabiler, in sich *konsistenter Grundstruktur* mit flexiblen Organisationsmodellen *auf kontingente Umweltfaktoren* reagieren.

Dabei ist allerdings wichtig, daß das - wie immer geartete - Organisationssystem mit einem Informationssystem integriert wird, das zum Zwecke der Selbstbeobachtung Daten liefert, die einen Aufschluß darüber erlauben, ob das Unternehmen dem formalen marktwirtschaftlichen Überlebenskriterium gerecht wird, daß es nämlich rentabel arbeitet. Das Organisationssystem muß mit dem Informationssystem so abgestimmt sein, daß Daten aus dem internen Rechnungswesen so verfügbar sind, daß sie in das Führungssystem eingespeist werden können. Daraus läßt sich für die Organisationspraxis ableiten, daß das Organisationssystem - wie immer es auch aufgrund kontingenter Kriterien ausgestaltet ist - mit dem Informations- und Führungssystem konsistent integriert werden muß.

- Die Ausgestaltung des internen Rechnungswesens von der Kostenarten- über die Kostenstellen- bis zur Kostenträgerrechnung wird als Voraussetzung der Organisation und Führung gesehen, da es als Informationssystem die zur Führung benötigten Daten liefert.

- Aufbauend auf den Systemen der Kosten- und Leistungsrechnung können organisatorische Einheiten gebildet werden, die nicht nur bestimmte Umweltsegmente zu bearbeiten haben, sondern auch für ihr jeweiliges Ergebnis verantwortlich gemacht werden können.

- Organisatorische Einheiten müssen deshalb simultan mit Konzeptionen des Rechnungswesens gebildet werden, um sie über zurechenbare Kosten und/oder Erlöse steuern und kontrollieren zu können.

- Steuerung und Kontrolle organisatorischer Einheiten über Daten aus dem Rechnungswesen ermöglicht erst systematische Führung. Ergebnisse der Erfolgskontrolle bilden die informatorische Grundlage für die Erfolgsplanung, in die weiterhin marktpolitische Überlegungen einfließen.

Abb. 27: Integrationsanforderungen an die praktische Gestaltung

Vereinfacht läßt sich diese Integrationsanforderung anhand der folgenden Abbildung darstellen.

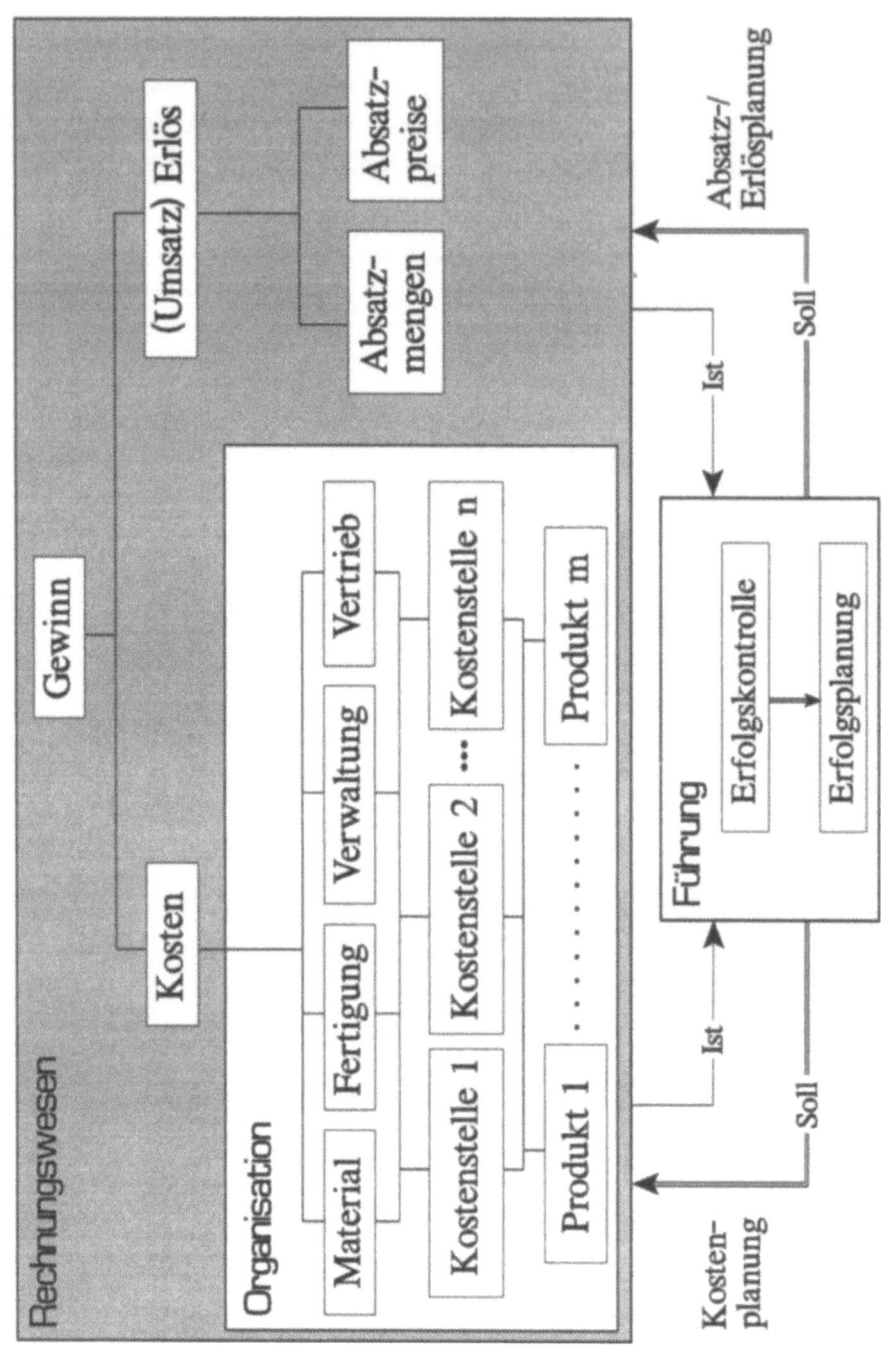

Abb. 28: Integration von Informations-, Organisations- und Führungssystem

Auf der Grundlage von Informationen aus dem Rechnungswesen lassen sich Planwerte abschätzen, welche Erlöse z.B. mit welchem Produkt-Markt-Konzept bei welcher Kostenentwicklung unter bestimmten Annahmen der Umweltentwicklung erzielt werden können.

Diese Plandaten, die "harte" Daten aus der Kosten- und Leistungsrechnung darstellen, werden mit den organisatorischen Einheiten als Zielgrößen abgestimmt. Ein solcher Prozeß ist eine konsequente Umsetzung wettbewerbsorientierter Führung, bei der allerdings *mikropolitische Verhaltensmuster* greifen.

- In sich konsistente Zielsysteme werden als Grundlage des Führungssystems zwar angestrebt, sind aber aufgrund mikropolitischer Verhaltensweisen unrealistisch.

- Interessengegensätze führen zu Verzerrungen, Verschleierungen und vor allem zur Pufferbildung, was die Tendenz zur Suboptimierung bestärkt.

- Bei Zielabstimmungsprozessen und der Festlegung von Planwerten setzt sich deshalb nicht durchgängig - wie intendiert - die ökonomische Rationalität durch, sondern die Partei mit der besseren Mikropolitik, die im Zweifel besser verschleiert, intrigiert und eine Hausmacht aufbaut.

Abb. 29: Mikropolitische Verhaltensmuster im Führungsprozeß

Mikropolitischen Verhaltensmustern wird in der Praxis in der Regel durch bürokratisierte Controlling-Systeme entgegenzuwirken versucht. Controller umspannen einer "Schattenorganisation" gleich die operativen Stellen und steuern über Beeinflussung des Zielfestlegungsprozesses. Über Soll-Ist-Vergleiche wird ferner die Kontrolle ermöglicht, deren Ergebnis sich wiederum auf den neuen Zielfestlegungsprozeß auswirkt. Diese praktische Lösung hat nicht nur den Nachteil, daß sie Potential für eine Bürokratiekrise in sich birgt, sondern bedeutet auch eine Bevormundung durch die grauen Eminenzen des Controlling-Systems, die ihre eigene Mikropolitik betreiben.

In dieser Situation gibt die neuere Systemtheorie-Impulse, die über teamartige Konzepte und Formen der *Selbstorganisation* mikropolitische Verhaltensmuster eleganter überwinden hilft als durch kantiges Controlling.

- Selbstorganisierende Prozesse setzen an der Kompetenz von Betroffenen bei Problemlösungsporzessen an und setzen damit auf Initiative und Betroffenheit von Mitarbeitern.

- Solche Prozesse erfordern den Abbau formaler Autorität und begünstigen die Tendenz zu flachen Hierarchien.

- Selbstorganisation erfordert weiterhin die Verteilung von Reflexionsteams im Unternehmen, um flächendeckend über Selbstbeobachtung zu neuen Gestaltungsaktivitäten kommen zu können.

- Das bedeutet auch, daß im System ein permanenter Prozeß der Organisationsentwicklung institutionalisiert ist, der von außen höchstens Hilfe zur Selbsthilfe benötigt.

Abb. 30: Führung durch Selbstorganisation

Die Richtung, die mit selbstorganisierenden Prozessen vorgezeichnet ist, mündet in der Betonung der Problemlösungskompetenz von Betroffenen. Nicht das System mit seiner Autorität ist als Problemlöser gefragt, sondern seine Teile, die das System erst ausmachen. Dies erfordert allerdings auch soziale, insbes. kommunikative Kompetenz der Mitarbeiter und ein System der Organisation und Führung, das bewußt auf die Schaffung von Freiräumen zur Selbstorganisation ausgelegt ist. Erst ein solcher Reifegrad des Systems kann mikropolitische Verhaltensmuster überwinden.

Literaturverzeichnis

Bosetzky, H., Mikropolitik, Machiavellismus und Machtkumulation, in: Küpper, W./ Ortmann, G. (Hrsg.), Mikropolotik - Rationalität, Macht und Spiele in Organisationen, Opladen 1988, S. 27-37

Brinkmann, G./Knoth, B./Krämer, W., Führungskräfte kleinerer Unternehmen - Arbeitsanforderungen und Ausbildungsbedarf, Berlin 1982

Bühner, R., Betriebswirtschaftliche Organisationslehre, 5. Aufl., München/Wien 1991

Frese, E., Exzellente Unternehmungen - Konfuse Theorien. Kritisches zur Studie von Peters und Waterman, in : Die Betriebswirtschaft, 1985, 45 Jg., 1985, H. 5, S. 604-606

Gabele, E., Die Leistungsfähigkeit der Portfolioanalyse für die strategische Unternehmensführung ,in : Rühli, E., Thomen J. P. (Hrsg.), Unternehmensführung aus finanz- und bankwirtschaflicher Sicht, Stuttgart 1981, S. 45-61

Greiner, L.E., Evolution and Revolution as Organisations Grow, in: Harvard Business Review , July / August 1972, S. 37-46

Guserl, R. / Hoffmann, M., Das Harzburger Modell, 2. Aufl., Wiesbaden 1976

Höhn, R./ Böhme, G., Führungsbrevier der Wirtschaft , 8. Aufl., Bad Harzburg 1974

Horvath, P., Controlling, 2. Aufl., München 1986

Jokisch, J., Zur Problematik einer optimalen Währungspolitik, in: Pausenberger , E. (Hrsg.), Entwicklungsländer als Handlungsfelder Internationaler Unternehmungen, Stuttgart 1982

Kasper, H., Die Handhabung des Neuen in organisierten Sozialsystemen, Heidelberger betriebswirtschaftliche Studien, Berlin u.a. 1990

Kieser, A., Darwin und die Folgen für die Organisationstheorie: Darstellung und Kritik des Population- Ecology Ansatzes, in: Die Betriebswirtschaft, 48. Jg., 1988, H. 5, S. 603-620

Kirsch, W., Unternehmenspolitik und strategische Unternehmensführung, München 1990

Kiss, G., Grundzüge und Entwicklungen der Luhmannschen Systemtheorie, 2. Aufl., Stuttgart 1990

Krüger, W., Konfliktsteuerung als Führungsaufgabe, München 1973

Küpper, W./ Ortmann, G. (Hrsg.), Mikropolitik, Rationalität, Macht und Spiele in Organisationen, Opladen 1988

Morgan, G., Creative Organisation Theory: A Resourcebook, Nebury Park/London/New Delhi 1989a

Morgan, G., Images of Organisation, Newbury Park/London/New Delhi 1989b

Neuberger, O., Führen und Geführt werden, Stuttgart 1990

Oechsler, W.A., Konfliktmanagement - Theorie und Praxis industrieller Arbeitskonflikte, Wiesbaden 1979

Oechsler, W.A., Der organisatorisch-strukturelle Kontext partizipativer Führung, in: Grundwald, W., Lilge, H.-G. (Hrsg.), Partizipative Führung, Bern/Stuttgart 1980, S. 232-244

Oechsler, W.A., Personal und Arbeit, 4. Aufl., München/Wien 1992

Pascale, R./ Athos, A., The Art of Japanese Management, New York 1981

Peters, Th.J./Waterman, R.H., In Search of Exellence, New York 1982

Reber, G., Vom patriarchalischen-autoritären zum bürokratisch-autoritären Führungsstil, in: Zeitschrift für Betriebswirtschaft, 1970, S. 633-638

Schartner, H., Eine neue Rolle des Personalwesens bei BMW? Die Führungskraft als Personalverantwortlicher, in: Personalführung, 1990, H. 1, S. 32-37

Staehle, W. H., Management: Eine Verhaltenswissenschaftliche Perspektive, 4. Aufl., München 1989

Steinle, C., Leistungsverhalten und Führung in der Unternehmung, Berlin 1975

Vossberg, H., Neuorganisation bei Bayer - Die Antwort auf das Wachstum, in: Zeitschrift für Organisation, 55. Jg., 1984, H. 8, S. 461-468

Wächter, H., Zur Kritik an Peters und Waterman, in: Die Betriebswirtschaft, 45. Jg., 1985, H. 5, S. 604 - 606

Hermann J. Liebel

Psychologie der Mitarbeiterführung
– Aspekte, Ergebnisse und Perspektiven sozialer Interaktion –

1. Die Arbeitswelt als Feld sozialer Beeinflussung

2. Ansätze und Ergebnisse psychologischer Führungsforschung

3. Motivieren durch Kooperation

4. Verhaltensmodifikation am Arbeitsplatz

5. Konsequenzen für das eigene Handeln

1. Die Arbeitswelt als Feld sozialer Beeinflussung

Jeder Mensch wird in seinem Denken, Fühlen und Handeln von anderen beeinflußt, gleich, ob er will oder ob er sich dagegen wehrt. Niemand kann sich diesen Einflüssen entziehen. Alle sozialen Beziehungen werden durch ein komplexes Bündel von Bedingungen gesteuert, die für die Partner in der aktuellen Situation nur unvollständig wahrnehmbar, reflektierbar und veränderbar sind.

Wir wollen uns im folgenden auf die zwischenmenschlichen Einwirkungen der Arbeitswelt konzentrieren. Zunächst werden wir die in der Organisationspsychologie entwickelten Ansätze im Überblick darstellen und kritisch prüfen, was davon aktuell geblieben und für die Verhaltensbeeinflussung in der Arbeitswelt von Bedeutung ist. Danach stellen wir ein lerntheoretisch fundiertes Konzept zur Verhaltensmodifikation vor, von dem wir meinen, daß es im Vergleich zu anderen Ansätzen dem Bedürfnis der Praxis nach Handlungsanweisungen für das Motivieren von Mitarbeitern besonders entgegenkommt.

Die Arbeitswelt ist neben der Familie und der Schule wohl der Bereich, in dem die Versuche, in unser Denken, Fühlen und Handeln einzugreifen, für den einzelnen sehr deutlich spürbar werden.

Nehmen wir als Beispiel dazu einen 'Gehobenen Beamten' im Verwaltungsdienst: Seine Vorgesetzten geben ihm dienstliche Anweisungen; er hat Verordnungen und gesetzliche Regelungen zu beachten; seine Kollegen geben ihm manchmal mehr oder weniger gut gemeinte Ratschläge; sie akzeptieren oder ignorieren ihn, vielleicht lehnen sie ihn teilweise oder ganz ab. Seine Leistungen werden beurteilt. Er wird gelobt und kritisiert. Seine Gattin erwartet vielleicht alsbaldige Beförderungen, und auch er selbst erwartet einiges von seinen Vorgesetzten, seinen Kollegen und den ihm unterstellten Mitarbeitern. Hoffnungen, Befürchtungen, Erfolg, Zufriedenheit, Resignation, Streß und vielleicht auch Krankheiten stellen sich ein. Es sind aber nicht nur soziale Einflüsse auf sein Erleben und Verhalten wirksam, sondern auch die physikalische Umgebung seines Arbeitsplatzes, strukturelle, arbeitstechnische und dienstrechtliche Gegebenheiten und nicht zuletzt seine eigenen Fähigkeiten, Einstellungen und seine Konstitution, - ein differenziertes Netzwerk also von Bedingungen für sein Erleben und Verhalten.

In der Arbeitswelt wie in der Wissenschaft hielten und halten sich zur Etikettierung der Beeinflussung anderer die Begriffe "Führung", "Führen" und "Führer" einerseits, "Führungsforschung", "Personalführung" und "Führungspsychologie" andererseits. Um welche Sachverhalte geht es in der psychologischen Führungsforschung und in der Führungspraxis eigentlich? Hier tut sich ein Dilemma auf, wenn man feststellt, daß sich in der führungspsychologischen Literatur an die 100 zum Teil deutlich divergierende Definitionen von Führung finden lassen!

Sicher hat jeder von uns eine mehr oder weniger genau umrissene Vorstellung, wenn von "erfolgreichem Führen" oder einem "erfolgreichen Führer" die Rede ist. Solche Meinungen erweisen sich bei genauerer Betrachtung jedoch nur als prägnant formulierte stereotype, verallgemeinerte subjektive Erfahrungen mit bestimmten Vorgesetzten oder ideologisch verankerte Werturteile. Wie schillernd und variantenreich die Begriffe "Führung", "Führer" und "Führen" tatsächlich sind, mag ein Blick auf eine kleine Auswahl ihrer mannigfachen Verwendung verdeutlichen. So meint "Führung" einmal Ausübung von Macht, wenn von guter, straffer oder umsichtiger Führung beispielsweise einer Regierung, eines Konzerns oder einer militärischen Einheit die Rede ist, oder in Redewendungen wie "sich die Führung aus der Hand nehmenlassen", "einem die Führung streitig machen" oder "die Führung an sich reißen". So verstanden ist "Führen", auch wenn es noch so behutsam geschieht, dem Herrschen verwandt, Geführtwerden dagegen dem Gehorchen. Daneben bezeichnet man mit Führung aber auch Sachverhalte wie die Handhabung von Gegenständen, z.B. die Führung des Bogens beim Violinespielen, die Betreuung einer Aufgabe wie die Buchführung in der kaufmännischen Abteilung eines Betriebes, ja sogar das Betragen z.B. eines Strafgefangenen, der wegen "guter Führung" vorzeitig aus dem Gefängnis entlassen wird. Die Frage, was alles geführt wird, führt uns zu Beispielen, wie "ein Kind an der Hand führen", "eine Klasse zum Abitur führen", "eine Mannschaft zum Erfolg führen", "das Kommando führen", "die Aufsicht führen" oder "Mitarbeiter führen". Aber auch ein Titel, ein Adler im Wappen, eine Kundenkartei, ein Briefwechsel oder ein Doppelleben lassen sich führen! -

Könnte man bis hierhin wenigstens annehmen, daß es immer Menschen seien, die andere Menschen, Tiere oder auch Gegenstände in irgendeiner Weise an ein Ziel brächten, so wäre anzumerken, daß - vom beobachtbaren Führungsverhalten bei Tieren ganz abgesehen - nach unserem Sprachgebrauch auch "Objekte" führen: die Straßentrasse zu einer Brücke, diese über einen Fluß und der wiederum Hochwasser. Noch bunter färbt sich das Bild, fragt man nach den "Führern" und denen, die als solche gelten. Da gibt es die herausragenden Persönlichkeiten in den Bereichen Politik, Kirche, Militär, Wirtschaft und Wissenschaft; die Manager in Wirtschaft und Verwaltung, die Gewerkschaftsführer; die Eltern, die Lehrer, die Ausbilder; die Führer von Jugendgruppen; Werkführer, Wortführer, Bandenführer, Rädelsführer. Geht man von der Definition aus "Führer ist, wer führt", so ist auch der Aufschneider, der das große Wort führt, ja selbst der Bösewicht, der etwas im Schilde führt, ein Führer! - Das einzige diesen Führern gemeinsame Merkmal besteht wohl in nichts anderem als lediglich der Wortmarke "Führer" (vgl. dazu Liebel, 1978, S. 12 f.).

Es mag nicht verwundern, wenn auch die Meinungen über die Kriterien, die einen Führer, das Führen und den Führungserfolg in der Arbeitswelt ausmachen, deutlich divergieren. Es bleibt festzuhalten, daß bis heute kein Konsens in der wissenschaftlichen Bestimmung des der Umgangssprache entlehnten Führungsbegriffs erreicht ist und - nach Lage der Dinge - wohl auch nicht erreicht werden wird.

Wir meinen, wenn wir im folgenden den Begriff "Führung" benutzen, "den Versuch, in Zusammenarbeit mit anderen vorgegebene oder vereinbarte Ziele zu erreichen". Als "Führer" bezeichnen wir dasjenige Gruppenmitglied, von dem aufgrund seiner Position in der Weisungshierarchie oder seiner Kompetenz die meisten Impulse für die Erreichung der Gruppenziele ausgehen. Seine wesentlichen Aufgaben bestehen im Ideenliefern, Planen, Entscheidungentreffen, Motivieren, Koordinieren und Kontrollieren. Der Führungsprozeß verlangt soziale Kontakte nach sehr vielen verschiedenen Seiten. Da im Führungsprozeß die Ziele der einzelnen Mitarbeiter, die der Gruppe und die der Organisation aufeinandertreffen, kommt es für den Führer häufig zu Schwierigkeiten. Es wird nicht nur das Lösen von Sachproblemen, sondern auch von sozialen Problemen verlangt.

Die Nachfrage nach qualifizierten Führungskräften in vielen Organisationen, Wirtschaftsbetrieben, Verwaltungen, Gewerkschaften, Krankenanstalten, Pflegeeinrichtungen und in der Politik ist in diesem speziellen Bereich sehr groß. So erklärt sich auch das anhaltende Interesse der Praxis an Informationen über effizientes Führungsverhalten und Führungsstile, über Fähigkeiten, die erfolgreiche Führung erwarten lassen, und an entsprechenden Trainingsprogrammen.

2. Ansätze und Ergebnisse psychologischer Führungsforschung

In der Führungsforschung lassen sich gegenwärtig zumindest vier deutlich voneinander verschiedene Führungsmodelle zur Erklärung von Gruppeneffekten unterscheiden: der Eigenschaftsansatz, verhaltenstheoretische Ansätze, Situationsansätze und Interaktionsansätze (vgl. Weinert, 1987).

2.1 Der Eigenschaftsansatz

Beim Eigenschaftsansatz handelt es sich um einen sehr alten Versuch zur Unterscheidung erfolgreicher von weniger erfolgreichen Führern. Es galt, Charaktereigenschaften zu finden, aus denen sich Führungserfolg oder Führungsmißerfolg zuverlässig vorhersagen lassen. Durch Vergleich zwischen von Unternehmensleitungen als erfolgreich beurteilten Vorgesetzten und als weniger erfolgreich apostrophierten wurde eine ganze Reihe solcher Merkmale testdiagnostisch ermittelt, z.B. Intelligenz, Selbstsicherheit, Extraversion, Initiative, Originalität und Kontaktfähigkeit. In diesen Merkmalen lagen erfolgreiche Vorgesetzte über den Durchschnittsergebnissen der von ihnen geführten Gruppen; es fand sich jedoch keine einzige Eigenschaft, die bei erfolgreichen oder erfolglosen Führern stets in höchster oder stets in niedrigster Ausprägung im Vergleich zu den jeweils zu führenden Mitarbeitern anzutreffen gewesen wäre. Immerhin ließ sich eine stärkere Ausprägung der genannten Eigenschaften in oberen Organisationsebenen im Vergleich zu niedrigeren nachweisen. Diese Befunde rechtfertigen allerdings nicht die verbreitete Annahme, aus Persönlichkeitsmerkmalen alleine eine globale Vorhersage von Führungserfolg erstellen zu können. Auch die Tatsache der Aktualität dieses Ansatzes in der Praxis der Personalauslese nach dem Motto "Führungsfähigkeit muß einem in die Wiege gelegt sein" oder "Man hat's, oder man hat's nicht" stützt diese Hypothese nicht. Persönlichkeitsmerkmale sind sehr wichtige Anhaltspunkte. Andere, z.B. situative Merkmale, sind aber mindestens genauso wichtig. Bald geben mehr die einen, bald mehr die anderen den Ausschlag für den Führungserfolg. Die Annahme eines unmittelbaren Ursache-Wirkungs-Zusammenhangs zwischen Persönlichkeits- oder Situationsvariablen auf der einen Seite und Kriterien des Führungserfolgs auf der anderen ist empirisch nicht haltbar.

Es läßt sich gewiß nicht behaupten, daß der eigenschaftstheoretische Ansatz der Führungsforschung grundsätzlich ein Schritt in die falsche Richtung gewesen sei, denn er spielt in allen Folgemodellen auch heute noch eine wichtige Rolle. Es bleibt aber zu kritisieren, daß dieser Ansatz zu statisch, zu schematisch, zu einfach ist und deshalb nicht ausreicht, Führung als einen Prozeß mit verschiedenartigen Wirkfaktoren hinreichend zu erklären.

2.2 Verhaltenstheoretische Ansätze

Zu Beginn der 50er Jahre verlagerte sich der Schwerpunkt der Forschung auf die Analyse der Führungsstile und des Führungsverhaltens der Vorgesetzten in ihren Gruppen. Führungsstile sind beständige Verhaltenstendenzen, die ein Vorgesetzter relativ unabhängig von der jeweiligen Situation zeigt. Sie beruhen auf einigermaßen zeitstabilen Motiven und Bedürfnissen, z.B. einem Bedürfnis nach sozialem Kontakt, nach Macht, nach Wissen, nach Stimulierung, nach Zurückgezogenheit usw. Mit Führungsverhalten sind aktuelle und stark situationsabhängige Handlungen gemeint, die durchaus im Widerspruch zu dem üblicherweise bei einem Vorgesetzten zu erwartenden Verhalten (= Führungsstil) stehen können.

Die Fragestellung der verhaltenstheoretischen Ansätze lautete nicht mehr, welche Eigenschaften zeichnen den Führer aus, sondern, wie verhalten sich erfolgreiche Führer im Umgang mit ihren Gruppen, was tun sie und wie erreichen sie z.B. Produktionsverbesserungen und/oder steigende Arbeitszufriedenheit der Mitarbeiter?

2.2.1 Die klassischen Führungsstile

Der nach USA emigrierte Berliner Psychologe Kurt Lewin und seine Mitarbeiter waren wohl die ersten, die intensiv ein Führungsstilforschung betrieben. Ihre weithin bekanntgewordenen Untersuchungen galten der Beantwortung der Frage, wie sich unterschiedliche Formen der Erziehung und Führung durch Erwachsene auf das Denken, die Gefühle und das Verhalten von Kindern auswirken (Lewin et al., 1939): Drei Gruppen von 10- bis 12jährigen Kindern trafen sich über 3 bis 6 Monate hinweg wöchentlich einmal zu einem Bastelnachmittag. Die Gruppen wurden von je einem Erwachsenen geleitet, der den Auftrag hatte, einen bestimmten Führungsstil zu verwirklichen, nämlich konstant autoritäres, demokratisches oder Laissez-faire-Verhalten zu zeigen. In sechswöchigem Turnus wechselten die Gruppenführer, um in einer anderen Gruppe einen anderen Führungsstil zu realisieren. Das Verhalten der Kinder und der Gruppenführer wurde beobachtet und registriert. Experimentelle Varianten wurden eingeführt, z.B. Zuspätkommen des Führers, Abrufen des Führers auf unbestimmte Zeit u.ä. Die Ergebnisse wiesen deutlich auf enge Zusammenhänge zwischen dem Führungsstil und dem Erleben und Verhalten der Kinder hin. Es zeigten sich insbesondere Veränderungen des sozialen Verhaltens, der gefühlsbetonten Reaktionen und der Leistungsbereitschaft der Kinder unter dem Einfluß der verschiedenen Führungsstile.

Seit den Untersuchungen Lewins gelten die drei genannten als die "klassischen Führungs-stile".

Für den autoritären Stil sind folgende Verhaltensweisen kennzeichnend: Alle Aktivitäten der Gruppenmitglieder werden vom Leiter bestimmt; den Gruppenmitgliedern werden nur die nächsten Arbeitsschritte mitgeteilt; der Leiter trägt die Verantwortung für alle Tätig-keiten; der Leiter gibt Befehle und Anweisungen, unterbrechende Kommandos; der Leiter verhält sich eher freundlich als feindlich, aber unpersönlich distanziert; er äußert häufiger Kritik als Lob, beides aber ziemlich häufig und meist auf die Person statt auf die Leistung bezogen. Die Auswirkungen zeigen sich in eingeschränkter Spontaneität, Aktivität und Bewegungsfreiheit, größerer Abhängigkeit vom Leiter, häufigen Spannungen, Aggres-sionen, erhöhter Reizbarkeit und Dominanzstreben der Gruppenmitglieder untereinander; die Gruppenstruktur bleibt relativ starr; gelegentlich schließen sich Subgruppen zusammen mit deutlicher Tendenz zur Rebellion gegen den Leiter; im Sprachverhalten ist ein hoher Anteil von egozentrierten Personalpronomina wie "ich", "mein", "mir", "mich", seltener "wir", "unser", "uns" feststellbar; viele Mitglieder werden stark vom Leiter abhängig, untertänig, gehorsam oder apathisch, manche werden aggressiv oder rebellieren gegen den Leiter, die Gruppenmitglieder oder Personen außerhalb der Gruppe. Kommt der Leiter zu spät, wird mit der Arbeit nicht begonnen; fehlt der Leiter längere Zeit, verhalten sich die Gruppenmitglieder häufig nach dem Motto "Ist die Katze aus dem Haus, tanzen die Mäuse auf dem Tisch".

Der demokratische Stil läßt sich etwa so beschreiben: der Leiter informiert über die von der Gruppe zu erreichenden Ziele; in Gruppendiskussionen werden gemeinsame Entschei-dungen getroffen; der Leiter gibt Hilfen und beteiligt sich nur, wenn nötig, durch kon-struktive Vorschläge; die Gruppe teilt die Arbeit ein und legt die Pflichten der einzelnen Mitglieder fest; die Verantwortung für die Ergebnisse liegt bei der Gruppe und dem Lei-ter; die Anregungen des Leiters zielen auf Förderung der Selbständigkeit der Mitglieder; er macht Vorschläge, statt dirigistische Weisungen zu geben; er sorgt dafür, daß möglichst alle Meinungen gehört und berücksichtigt werden; er ordnet sich ein und ist mehr solidari-sches Gruppenmitglied als "Vor"-Gesetzter; er ist zu persönlichen Gesprächen bereit, die nicht nur Arbeitsprobleme zum Inhalt haben. Die Auswirkungen sind: großer Freiraum zur Umsetzung neuer Ideen, höhere Spontaneität und Kreativität; weniger Unzufriedenheit mit den Vorgesetzten als beim autoritären Stil; eher partnerschaftliche Beziehungen zwischen den Gruppenmitgliedern; freie Bildung von Untergruppen, erhöhte gegenseitige Wert-schätzung. Bei verspätetem Eintreffen des Leiters ist die Arbeit bereits aufgenommen; bei zeitweiliger Abwesenheit des Leiters treten keine gravierenden Änderungen im Leistungs- und Sozialverhalten auf. Beim Austausch eines demokratischen gegen einen autoritären

Leiter zeigen die Gruppenmitglieder erhebliche Widerstände. Demokratisches Führungsverhalten wird häufig als das richtige Führungsverhalten schlechthin propagiert.

Das Laissez-faire-Verhalten ist schnell charakterisiert: Der Leiter zieht sich sehr stark von der Gruppe zurück; er zeigt wenig Interesse an den Arbeitsaufgaben und ist stets darauf bedacht, Problemen und Konflikten aus dem Weg zu gehen. Er ist eher passiv und nachgiebig. Sein Engagement an Arbeit und Mitarbeitern beschränkt sich auf das nicht umgehbare Notwendige zur Aufrechterhaltung einer Mindestleistung der Gruppe. Die Auswirkungen sind Ratlosigkeit und Verunsicherung der Mitglieder; es bilden sich miteinander rivalisierende Cliquen; die Leistung reduziert sich auf ein Minimum. Es ist fraglich, ob hier überhaupt von "Führung" die Rede sein kann.

Die Ergebnisse der klassischen Führungsstilforschung lassen sich leider nicht ohne weiteres auf die Arbeitswelt übertragen. Die Auswirkungen der Stile wurden in Laborexperimenten und nicht im Feld ermittelt. Zudem wurden nur Kurzzeiteffekte untersucht. Über langfristige Wirkungen weiß man eigentlich noch sehr wenig. Trotz dieser Einschränkungen wurden die klassischen Führungsstile in die Führungspraxis übernommen. Sie bildeten auch in der Führungsforschung den Ausgangspunkt für die Konstruktion einer ganzen Reihe sogenannter "Führungsmodelle". Bei diesen handelt es sich um Versuche, eine Anzahl isolierter Führungsstile unter übergeordneten Gesichtspunkten in ein System zu integrieren.

Die drei klassischen Führungsstile lassen sich beispielsweise unter dem Konzept der Kontrolle von autoritär über demokratisch nach laissez-faire zu einem sehr einfachen Modell verbinden. Wir nennen dieses Modell "eindimensional" oder "linear", weil die Führungsstile als drei Ausprägungsgrade auf einer Skala der Intensität der Ausübung von Kontrolle verstanden werden. Die drei Führungstypen - und das macht die Analyse von Langzeitwirkungen in der Praxis so schwer - kommen in ihrer reinen Ausprägung nur sehr selten vor. Daran wird deutlich, daß es sich bei diesen Typenbeschreibungen um sehr starre Klischees handelt, die von so gut wie keinem Vorgesetzten konstant durchgehalten werden können.

Um der Realität etwas näher zu kommen, fügte man zwischen die drei markanten Punkte eine ganze Reihe von Zwischenstufen ein, so z.B. zwischen "autoritär" und "demokratisch" den "tyrannischen", "despotischen", "diktatorischen", "patriarchalischen" und den "personalistischen" Führungsstil. Vorgesetzte verhalten sich nicht jedem Mitarbeiter gegenüber gleich. Es geht also nicht darum, einen Vorgesetzten an irgendeinem Punkt der Skala zu fixieren. Vielmehr soll nach einem Vorschlag von Tannenbaum und Schmidt (1973) die Skala der Führungsstile gleichsam eine Klaviatur von Verhaltensmöglichkeiten sein, auf der ein Vorgesetzter geschickt spielen lernen muß, indem er die individuellen Besonderheiten des jeweiligen Mitarbeiters, seine Bedürfnisse und Fähigkeiten, die Organisationsziele und seine eigenen Wünsche und Absichten in seine Verhaltensplanung einbezieht. Ein Vorgesetzter, der sich fragt, auf welche Weise er ein bestimmtes Ziel, z.B. Reduktion eines überdurchschnittlichen Krankenstandes, erreichen kann, wird bei Kenntnis der verschiedenen Möglichkeiten der Verhaltensbeeinflussung und ihrer Auswirkungen das im Hinblick auf die Situation und die Mitarbeiter angemessenste Führungsverhalten wählen können. Dies bringt ihn gegenüber dem Vorgesetzten in Vorteil, der trotz bester Absichten nur das Ziel im Auge hat, aber die verschieden günstigen Wege zur Erreichung des Ziels mangels entsprechender Kenntnisse nur unzureichend reflektieren und einschlagen kann.

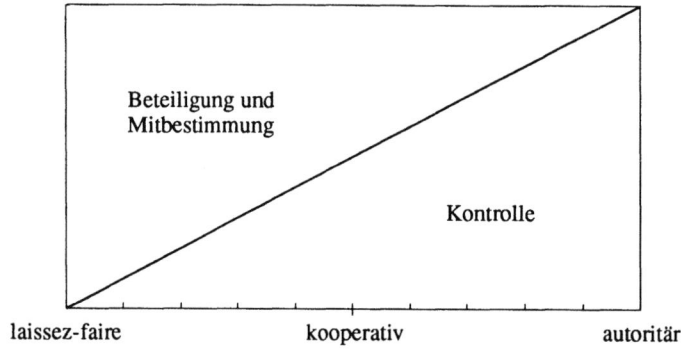

Abb. 1: *Das Kontinuum klassischer Führungsstile*

Abbildung 1 zeigt das lineare Führungsmodell mit der Andeutung von Zwischensstufen, die sich wie Perlen an einer Kette aufreihen. Die Bezeichnung "demokratisch" ist durch die neuere "kooperativ" ersetzt. Der Begriff "demokratisch" ist nämlich zu stark mit den Verhaltensvorschriften der "Parlamentarischen Demokratie" assoziiert, zu denen das Prinzip der Herbeiführung von Mehrheitsentscheidungen gehört. Dem Mißverständnis, daß dies bei dem als "demokratisch" bezeichneten Führungsstil genauso sei, versuchte man durch eine Umbenennung zu begegnen. Das Kooperationskonzept beläßt dem Vorgesetzten die letztliche Verantwortung für seine Gruppe nach außen. Außerdem kann eine einzelne Arbeitsgruppe nicht von den zwingenden Vorgaben der Organisationsziele abweichen, noch durch Mehrheitsbeschlüsse Unternehmensgrundsätze umstoßen.

116

Eine weitere Implikation dieses Modells ist der komplementäre Zusammenhang zwischen Kontrolle einerseits und der Beteiligung der Mitarbeiter an Entscheidungen innerhalb des Ermessensspielraums des Vorgesetzten andererseits. Das bedeutet, Zunahme von Kontrolle zieht zwangsläufig eine Reduzierung der Mitbestimmung nach sich und umgekehrt. Der Zusammenhang ist zwangsläufig, denn es handelt sich bei "Kontrolle" und "Beteiligung" im Sinne dieses Modells nicht um zwei voneinander unabhängige Aspekte, vielmehr ist Kontrolle als "Einengung individueller Freiheit am Arbeitsplatz" definiert, so daß die beiden Dreiecke in Abbildung 1 jeweils den gleichen Sachverhalt darstellen.

Auf die oft gestellte Frage, welcher denn nun der beste Führungsstil sei, kann man sehr verschiedene Auffassungen hören. Es gibt keinen Führungsstil, dem nicht das Wort geredet würde. Es gibt Situationen, in denen es günstiger ist, autoritär zu führen, und solche, wo laissez-faire durchaus angebracht sein kann, je nachdem, welches Ziel erreicht werden soll. Manche Situationen erzwingen geradezu direktives Eingreifen, z.B. Situationen akuter Gefahr oder ungewöhnlich hohen Arbeitsanfalls.

Wir erleben seit einigen Jahren die Favorisierung des "kooperativen Führungsstils" in der Arbeitswelt. Nach diesem Konzept bestehen die Aufgaben des Führers im Planen, Entscheidungentreffen, Motivieren, Koordinieren und Kontrollieren. Er gibt nicht nur Anleitungen, sondern auch Hilfestellungen zur Erledigung der Aufgaben und zur Befriedigung der persönlichen Bedürfnisse seiner Mitarbeiter. Er sorgt dafür, daß sie aus der Arbeit und dem Erreichen der Ziele heraus Gefühle der Selbstbestätigung und der Zufriedenheit gewinnen können. Dem kooperativen Führungsstil wird gerne eine einheitlich altruistische Motivation unterschoben. Auf die Fragen, warum die Annahme eines in sich undifferenzierten, einheitlichen Motivs zur Zusammenarbeit und zur Solidarität sich in vielen Untersuchungen zur Motivation kooperativen Verhaltens jedoch als nicht haltbar erwiesen hat, und welche Chancen dennoch in der Kooperationsidee stecken, werden in Kapitel 3 Antworten zu geben versucht.

Führungsstile sind lediglich Verhaltensmuster, mit deren Hilfe Ziele schneller oder weniger schnell, geradliniger oder umwegiger erreicht werden können. Gezeigte Führungsstile lassen jedoch keinen eindeutigen Schluß auf die dem Verhalten zugrundeliegenden Absichten zu.

2.2.2 Zwei-Faktoren-Modelle

Etwa zur gleichen Zeit wurden etwa an zwei amerikanischen Universitäten, nämlich Ohio und Michigan, voneinander völlig unabhängig Studien über Führungseffizienz und Führungsstile durchgeführt. Das Ziel der Untersuchungen bestand darin, das Verhalten von Vorgesetzten durch deren Kollegen und Nachgeordneten beschreiben zu lassen, und aus diesen Verhaltensbeschreibungen eine möglichst kleine Anzahl relevanter Verhaltensdimensionen zu isolieren, die der Vorhersage künftigen Führungserfolgs dienen sollten. Beide Untersuchungen kamen zu sehr ähnlichen Ergebnissen, nämlich zu Zwei-Faktoren-Modellen zur Beschreibung des Führungsverhaltens.

Die beiden von der Ohio-Gruppe (Fleishman, 1953; Stogdill/Coons, 1957) identifizierten Faktoren sind:

1. Initiating Structure oder der IS-Führungsstil, bei dem sich der Führer in seinen Entscheidungen und Maßnahmen am Kriterium der Erreichung des Arbeitsziels ausrichtet, und

2. Consideration oder C-Führungsstil, bei dem der Führer die Erwartungen, Gefühle und Bedürfnisse der Mitarbeiter zu erkennen versucht und in seinem Verhalten berücksichtigt.

Die Aufgaben eines IS-Führers werden darin gesehen, daß er organisiert, Arbeitsziele definiert, Vorgehensweisen anordnet, die Arbeit genau zuteilt, Entscheidungen selbst trifft und auf das Erreichen der Organisationsziele drängt. Ein C-Führer dagegen rückt die zwischenmenschliche Komponente in den Vordergrund. Er respektiert Vorschläge und Wünsche seiner Mitarbeiter und versucht, ein gegenseitiges Vertrauensverhältnis aufzubauen.

Die Ergebnisse empirischer Untersuchungen über die Auswirkungen des zugeschriebenen Führungsstils lassen sich etwa so darstellen: Führer, die hohe IS-Werte bekamen, wurden von ihren eigenen Vorgesetzten sehr positiv beurteilt. Sie passen offensichtlich in das Stereotyp einer für effizient gehaltenen Führung. Die von IS-Führern geleiteten Gruppen zeichnen sich meist durch hohe Produktivität aus, haben aber einen hohen Krankenstand, hohe Kündigungsraten, viele Beschwerden und eine niedrige individuelle Arbeitszufriedenheit. Mitarbeiter von auf der C-Dimension hoch eingestuften Führungskräften sind sich gegenseitig sympathischer, zeigen geringere Abwesenheits-, Kündigungs- und Beschwerdenraten und sind mit ihrer Tätigkeit zufriedener als Mitarbeiter von IS-Führern.

Auch die Michigan-Studien (Likert, 1961) kamen zu zwei Führungsdimensionen, nämlich "Leistungsorientierung" und "Personorientierung". Der personorientierte Vorgesetzte kümmert sich besonders um die menschlichen Probleme seiner Mitarbeiter, berücksichtigt ihre

118

Meinungen und läßt ihnen bei der Durchführung der Arbeit weitgehend freie Hand, während der leistungsorientierte Vorgesetzte primär Wert auf eine einwandfreie Erledigung der Arbeit legt und die Einhaltung von Vorschriften und Dienstanweisungen genau kontrolliert. Diese beiden Dimensionen des Vorgesetztenverhaltens sind denen der Ohio-Studien sehr ähnlich. Die "Leistungsorientierung" entspricht ziemlich genau der "Initiating Structure", die "Personorientierung" der "Consideration".

Das methodische Vorgehen ist in beiden Ansätzen ebenfalls sehr ähnlich: Mitarbeiter, Kollegen oder höhere Vorgesetzte beschreiben das Verhalten eines bestimmten Vorgesetzten mit Hilfe eines Fragebogens. Die Auswertung jeder einzelnen Beschreibung liefert einen Punkt auf der Diagonale zwischen P und L (vgl. Abbildung 2).

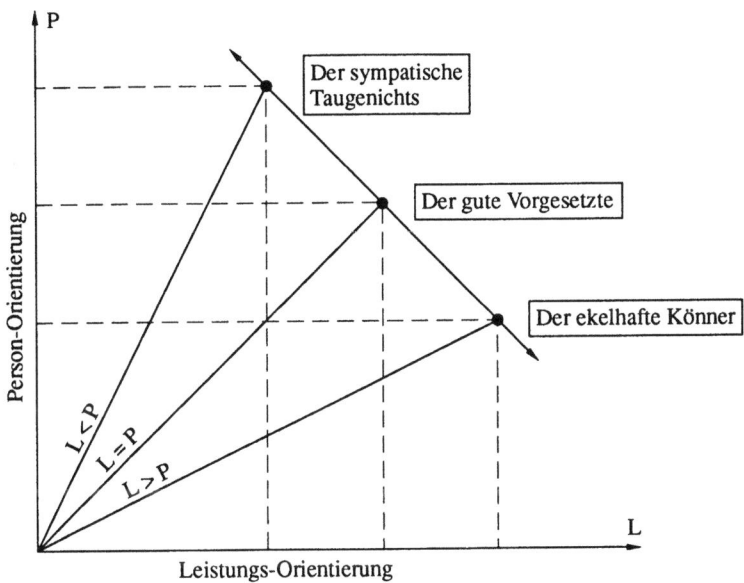

Abb. 2: *Zweidimensionales Führungsmodell nach Likert*

Fallen die Sichtweisen aller Beurteiler in einem Punkt zusammen, so erleben sie den beurteilten Vorgesetzten alle identisch im Hinblick auf seine Leistungs- und Personorientierung. In der Realität kommt dieser Fall allerdings so gut wie nicht vor. Normalerweise streuen die Werte für einen Vorgesetzten um einen Mittelwert. Will man wissen, wie übereinstimmend oder wie unterschiedlich die Mitarbeiter ihren Vorgesetzten erleben, wird man die Streuung der Werte auf der Skala P-L heranziehen. Interessiert dagegen, wie ähnlich oder verschieden zwei oder mehrere Vorgesetzte von ihren jeweiligen Mitarbeitergruppen eingeschätzt werden, wird man die Mittelwerte der Einschätzungen für verschiedene Vorgesetzte auf der Skala P-L miteinander vergleichen. Genauso geht man vor, wenn man feststellen will, wie ranggleich Kollegen oder höhere Vorgesetzte einen bestimmten Vorgesetzten einschätzen. Als weitere Informationsquelle kann auch die Selbsteinschätzung des Vorgesetzten herangezogen werden. Dies führt häufig zur Aufdeckung von Diskrepanzen zwischen eigener Einschätzung und der durch andere.

Als "guter Vorgesetzter" gilt in diesem Modell derjenige, dem die Berücksichtigung beider Komponenten in durchschnittlicher Ausprägung zugeschrieben wird. Denn nur dann realisiere ein Vorgesetzter einen angemessenen Kompromiß zwischen den Zielen der Mitarbeiter und den Organisationszielen. Wird einem Vorgesetzten attestiert, größeren Wert auf die Erledigung der Arbeit zu legen, ohne viel Rücksichtnahme auf andere, wird er z.B. in den Augen seiner Mitarbeiter schnell als "ungeliebter Antreiber" oder - bei hoher fachlicher Qualifikation - als "ekelhafter Könner" erlebt. Erhält ein Vorgesetzter auf der Diagonale zwischen P und L eine Position zu sehr in Richtung Personorientierung, so bedeutet dies, daß er zwar als sehr sympathisch gilt, aber fachlich für nur wenig kompetent gehalten wird.

Wir haben bei der Besprechung des Ohio-Ansatzes bemerkt, daß dort der C-Dimension klar der Vorzug gegenüber IS gegeben wurde. Im Michigan-Modell wird eine Mittelposition zwischen beiden Dimensionen favorisiert, während die extremen Ausprägungen beider Dimensionen negativ bewertet werden.

Die Frage ist erlaubt, in welche Richtung ein Vorgesetzter sein Image bei den anderen verändern sollte, wenn es schon nicht möglich ist, von allen über einen längeren Zeitraum hinweg in der optimalen Mitte gesehen zu werden. Diese Frage stellte man sich auch in der Michigan-Gruppe. In über 70 Betrieben und Verwaltungsbehörden wurden Untersuchungen zur Aufklärung der Zusammenhänge zwischen dem Vorgesetztenverhalten und Merkmalen der Abteilungen durchgeführt, die als die "besten" oder die "schlechtesten" in einer Organisation galten. Entscheidungskriterien zur Identifizierung dieser Abteilungen waren Produktionsraten, Arbeitszufriedenheit, Fluktuation, Fehlzeiten, Ausschußquoten, allgemeine Kosten und die Motivation der Mitarbeiter und der Unternehmens- bzw. Behördenleitungen.

Ein wiederholt festgestelltes Hauptergebnis nach Likert (1961, S. 7) ist in Abbildung 3 dargestellt.

120

Produktivität der Gruppen	Einstellung der Vorgesetzten	
	Leistungs-Orientierung	Person-Orientierung
hoch	1	6
gering	7	3

Abb. 3: *Zusammenhänge zwischen Gruppenleistungen und Führungsstilen*

Die Mitarbeiter aus sieben hochproduzierenden und zehn vergleichsweise geringproduzierenden Arbeitsgruppen wurden gebeten, das Verhalten ihrer Vorgesetzten anhand eines Fragebogens zu beschreiben. Acht Vorgesetzte wurden eher leistungsorientiert, neun eher personorientiert charakerisiert. Sieben von acht leistungsorientierten Vorgesetzten leiteten geringproduzierende Gruppen. Bei geringproduzierenden Arbeitsgruppen finden sich demnach häufiger leistungsorientierte, bei hochproduzierenden häufiger personorientierte Vorgesetzte. Dieses Ergebnis läßt allerdings nicht erkennen, was nun Ursache und was Wirkung ist. Ist die personorientierte Einstellung ausschlaggebend für einen Leistungsanstieg der Mitarbeiter? Oder können sich Vorgesetzte ohnehin hochproduzierender Gruppen einen personorientierten Führungsstil leisten? - Wäre letzteres der Fall, wäre die Leistung vom Führungsverhalten der Vorgesetzten unabhängig, und man könnte sich auf die Suche nach anderen Einflußgrößen begeben. In weiteren Untersuchungen tauschte man die Vorgesetzten aus: Hochproduzierende Gruppen bekamen einen leistungsorientierten, geringproduzierende einen personorientierten Leiter. Beobachtungen ergaben, daß die Vorgesetzten dazu neigten, ihre früheren Einstellungen auch gegenüber ihren neuen Mitarbeitern aufrechtzuerhalten. Nach kurzer Zeit änderten sich die Produktionsraten, indem die Leistungen der geringproduzierenden Gruppen einen deutlichen Anstieg aufwiesen, während die Leistungen der bislang hochproduzierenden Gruppen nachließen. Außerdem stiegen bei den leistungsorientierten Vorgesetzten die Beschwerdehäufigkeit und der Wunsch, die Arbeitsgruppe zu verlassen. Interessant ist, daß sich die erwünschten Effekte bei personorientierten Vorgesetzten schneller einstellten als die unerwünschten bei leistungsorientierten Vorgesetzten. Die Antwort auf unsere eingangs gestellte Frage kann aufgrund der empirischen Untersuchungen nur lauten: Wenn schon Abweichungen von der optimalen Mittelposition nicht zu vermeiden sind, wirkt sich eine Verhaltensänderung in Richtung Personorientierung langfristig günstiger auf die Zufriedenheit der Mitarbeiter, die Leistungsergebnisse und andere Erfolgskriterien aus. Diese Antwort gilt ohne Einschränkung. Es sind zwar durchaus Situationen vorstellbar, wo, z.B. bei hohem Arbeitsanfall, ein produktionsorientiertes Verhalten einem eher personorientierten sehr wohl überlegen sein kann. Diesem Einwand läßt sich aber mit dem Hinweis begegnen, daß es sich in diesem Fall um ein durch die aktuelle Situation gefordertes Verhalten handelt, von dem nicht zwingend auf eine überdauernde leistungsbezogene Einstellung, also einen Führungsstil, geschlossen werden kann. Aus dieser Überlegung ergibt sich aber zwingend die Notwendigkeit, in der Analyse von Vorgesetztenverhalten die äußeren Umstände und die Art der Arbeitsaufgaben mitzuberücksichtigen. Insofern gilt der kritische Einwand, daß die in den berichteten Untersuchungen aufgetretenen Effekte nicht ohne weiteres als durch den einen oder anderen Führungsstil verursacht, sondern nur mitbedingt angesehen werden können. Neben dem Führungsstil sind mit Sicherheit auch Faktoren von Bedeutung, die von den Gruppenmitgliedern, den Aufgaben, den technischen Gegebenheiten und dem Organisationsklima ausgehen, um nur einige Beispiele zu nennen.

So gesehen ist auch dieses Modell zu eng, ja, es erweckt geradezu den Anschein, als sei hier mit großem wissenschaftlichem Aufwand die Trivialität empirisch untermauert worden, daß es Vorgesetzte mit Menschen zu tun haben, mit denen sie gemeinsam Arbeit erledigen sollen. Eine solche Kritik ginge allerdings an der Tatsache vorbei, daß diese Forschung immerhin Anhaltspunkte über den Zusammenhang von zugegeben ziemlich globalen Vorgesetztenorientierungen und Kritierien geliefert hat, nach denen der Erfolg von Vorgesetzten üblicherweise beurteilt wird, - Führungsforschung auf dem Weg von engen typologischen Konzepten zur Analyse differenzierter Funktionszusammenhänge!

2.2.3 Das Verhaltensgitter (Managerial Grid)

Blake und Mouton (1969) schließen mit ihrem sehr bekannt gewordenen Modell, dem sogenannten Verhaltensgitter-Modell, an die Zwei-Faktoren-Theorien an. Sie behalten die beiden Faktoren Personorientierung und Aufgabenorientierung bei, postulieren aber eine grundsätzliche Unabhängigkeit, d.h. jeder Vorgesetzte kann auf jeder Dimension theoretisch jeden beliebigen Punkt erreichen. Die Autoren sind nicht der Auffassung, daß eine hohe Merkmalsausprägung auf der einen Dimension einen hohen Wert auf der anderen

Dimension ausschließt. Für sie handelt es sich nicht um Komplementärgrößen im Führungsprozeß, die sich wie z.B. bei Tannenbaum oder Likert gegenseitig ausschließen, sondern einander ergänzen. Diese Annahme halten sie für realitätsnäher als die Zweiteilung von Führungsstilen, bei denen die Zunahme in einer Dimension eine Reduktion in der zweiten verlangt.

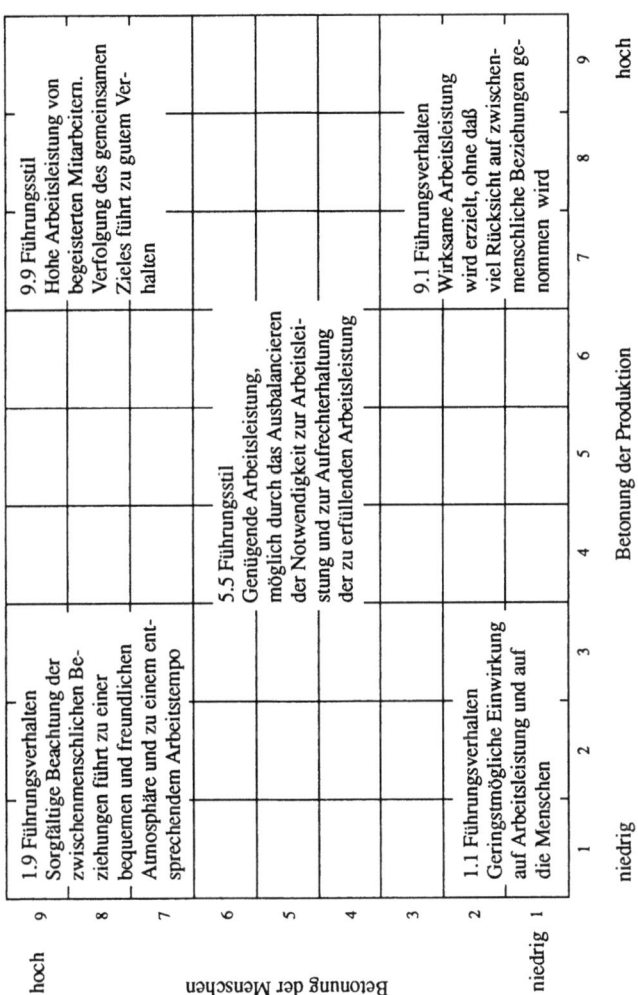

Abb. 4: *Das Verhaltensgitter nach Blake und Mouton*

123

In Abbildung 4 ist die Aufgabenorientierung unter der etwas einengenden Bezeichnung "Betonung der Produktion" auf der X-Achse eingetragen, die Personorientierung unter der Bezeichnung "Betonung des Menschen" auf der Y-Achse. Der erste Unterschied zum Likert-Modell besteht in der Einteilung jeder Achse in neun Abschnitte von 1 = sehr niedrig bis 9 = sehr hoch. 1 bedeutet bei der Produktionsbetonung: Die Orientierung an den Organisationszielen wird fast völlig vernachlässigt; dem Vorgesetzten scheint es gleichgültig, ob seine Mitarbeiter etwas leisten oder nicht. 9 bedeutet: Es wird fast ausschließlich die Maximierung der Arbeitsergebnisse ohne viel Rücksicht auf die Mitarbeiter angestrebt. 1 bedeutet bei Menschenbetonung: Der Vorgesetzte kümmert sich nicht um die persönlichen Probleme seiner Mitarbeiter, sie sind ihm völlig gleichgültig. 9 heißt hier: Er betont sehr intensiv die zwischenmenschlichen Beziehungen sowie die persönlichen Eigenheiten und Probleme seiner Mitarbeiter.

Es ergeben sich waagrecht und senkrecht 9 mal 9 gleich 81 Kombinationen oder Möglichkeiten, wie man Mitarbeiter führen könnte. Die 81 Führungsstile werden in diesem Modell nicht mehr mit Bezeichnungen wie "autoritär", "sympathisch", "ekelhaft" oder anderen, oft abwertenden Etiketten versehen. Vielmehr kennzeichnen jeweils 2 Ziffern die Position eines Vorgesetzten im Gitter. Die erste Ziffer steht für die Ausprägung der Produktionsorientierung, die zweite für die Menschenorientierung. Es würde zu weit führen, wollte man alle Kombinationsmöglichkeiten beschreiben. Wir beschränken uns daher auf die fünf markanten Positionen, genauer die vier Eckpositionen und das Zentrum des Gitters.

9.1: Der Vorgesetzte ist extrem mit seinen Aufgaben verbunden. Das Wichtigste ist ihm, die Mitarbeiter zu Höchstleistungen zu bringen. Sie sind ihm lediglich Werkzeuge zur Erfüllung der Aufgaben seiner Dienststelle. Nur diejenigen finden Beachtung, die diesen Vorstellungen nachkommen. Der Grundzug dieses Führungsverhaltens ist die Ausübung von Macht durch Pochen auf Weisungsbefugnisse und die Erwartung strikten Gehorsams. Konflikte werden nicht ausgetragen, sondern unterdrückt, denn Konflikte könnten sich nachteilig auf die Produktion oder das Erbringen von Dienstleistungen auswirken. Das Motto dieses Stils heißt: "Nette Leute sind immer die letzten". Es herrscht das absolute Leistungsprinzip.

1.9: Für den Vorgesetzten sind die Bedürfnisse, die Gefühle, die Sorgen und Probleme seiner Mitarbeiter wichtig. Sie werden nicht zur Eile angetrieben, es herrscht ein gemächliches Arbeitstempo. Es wird erwartet, daß die Mitarbeiter wenigstens ein bißchen etwas tun, um zu rechtfertigen, daß sie einen Arbeitsplatz bekommen haben, und um Reibereien zu verhindern. Der Vorgesetzte ist mehr verständnisvoller Freund als autoritätsheischender Chef. Freundlicher Umgang und wechselseitige Sympathie schaffen eine angenehme Atmosphäre nach dem Motto: "Nette Leute vertragen sich miteinander".

9.1- und 1.9-orientierte Vorgesetzte nehmen an, daß sich das, was der Produktion nützt, nicht mit dem verträgt, was die Menschen in der Arbeitswelt brauchen. Wir erkennen in diesen beiden Auffassungen die beiden extremen Positionen des Likert-Modells wieder (vgl. Abbildung 2).

1.1: Das Interesse an den Arbeitsaufgaben und den Mitarbeitern ist gering. Vom Vorgesetzten wird wenig erwartet, und auch er selbst ist kaum bereit, Engagement zu zeigen. Kontrolle findet praktisch nicht statt. Fehler werden großzügig toleriert. Oft geht es solchen Vorgesetzten lediglich darum, möglichst geruhsam die Altersgrenze zu erreichen. Vielfach haben sie resigniert, wofür die verschiedensten Gründe verantwortlich gemacht werden können. Konflikte werden umgangen. Alles, nur nicht auffallen, - das könnte ja mit Folgearbeiten verbunden sein! Auffassungen, Anordnungen und Dienstanweisungen werden übernommen und weitergegeben. Bei der unumgänglichen dienstlichen Beurteilung der Mitarbeiter stuft der 1.1-Vorgesetzte niemanden sehr gut, aber auch keinen sonderlich schlecht ein. Sein Verhalten ist durch Passivität und mangelnde Spontaneität gekennzeichnet. Er ist eher Informationsbote zwischen den Organisationsebenen als verantwortungsbewußter Leiter. Die Äußerung eigener Meinungen ist ihm fremd. Nur bei Angriffen gegen seine eigene Person setzt er sich zur Wehr. Gelegentlich wird dieser Stil auch als "Tauchstil" bezeichnet, nach dem Motto: "Anwesend und doch abwesend sein ist das Ziel der 1.1-Anpassung". In diesem Führungsstil läßt sich unschwer der Laissez-faire-Stil des klassischen Führungskonzepts aus Abbildung 1 wiedererkennen.

5.5: Die Suche nach Ausgleich und Kompromiß ist für diesen Stil typisch. Extreme Orientierungen werden vermieden. Man versucht vielmehr, die Balance zwischen der Beachtung von Arbeitsproblemen und zwischenmenschlichen Problemen zu halten, indem man beide Aspekte gleich ernst nimmt. Die Mitarbeiter können Vorschläge unterbreiten, die gemeinsam diskutiert werden. Trifft ein Vorgesetzter eine Entscheidung, teilt er sie allen Mitarbeitern mit und begründet sie. Der 5.5-Führer will beides erreichen, Produktionszuwachs einerseits, Zufriedenheit und Sicherheit der Mitarbeiter andererseits. Bei Konflikten werden alle Beteiligten gehört mit dem Ziel der Herbeiführung eines Kompromisses. Es gilt, den Mitarbeitern zu vermitteln, daß sie nicht nur gebraucht, sondern auch persönlich ernst genommen werden. Man spricht sehr viel miteinander. Die Kommunikation, das Gespräch ist das wichtigste Führungsmittel. Dieser Führungsstil entspricht der kooperativen Position im linearen Führungsmodell der Abbildung 1.

9.9: Diese Position ist nach Auffassung von Blake und Mouton das anzustrebende Ideal.

Gleichzeitige Maximierung von Arbeitsleistung und Rücksichtnahme auf die individuellen Besonderheiten jedes Mitarbeiters soll die Freisetzung kreativer Fähigkeiten bewirken. Nicht der Kompromiß wie bei 5.5 gilt als erstrebenswert, sondern die beste und zweckmäßigste Lösung der zu bewältigenden Probleme zu finden, wobei gerade auch unkonventionelle Wege beschritten werden sollen. Dieser Führungsstil verlangt eine vollständige Übereinstimmung der Mitarbeiter mit den Organisationszielen. Man kann das Erreichen dieser Position zwar propagieren, die Realisierung dieser Vorstellung bleibt bis auf ganz seltene Ausnahmen gewiß eine Utopie - der 9.9-Vorgesetzte ist ein unerreichbares Ideal.

Wenn nun dieses Ideal als "nicht erreichbar" gilt, ist die Frage berechtigt, in welchem Bereich wünschenswertes Vorgesetztenverhalten ungefähr zu suchen sei. Zur Eingrenzung dieses Bereichs besinnen wir uns noch einmal kurz auf die erläuterten Modelle zurück. Im Likert-Modell galt, wie wir sahen, die mittlere Position zwischen extremer Beliebtheit und extremer Tüchtigkeit als optimal. Im Gegensatz dazu propagiert das Verhaltensgitter eine Optimallinie, nämlich die Diagonale von links unten 1.1 nach rechts oben zu 9.9. Diese Linie ist in Abbildung 5 eingezeichnet. Alle anderen Führungsstile sind um so ungünstiger, je weiter sie von dieser Linie abweichen.

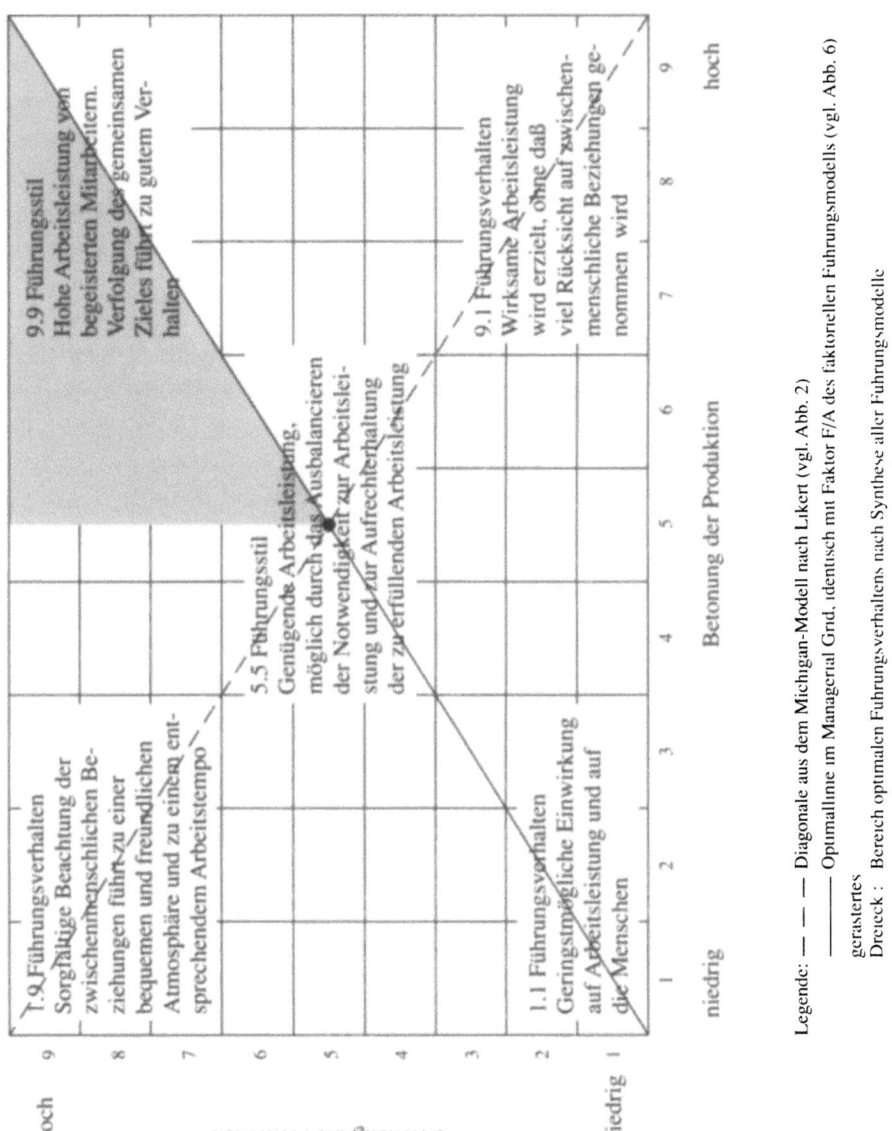

Abb. 5: *Vergleich zwischen Michigan-Modell und der Optimallinie im Managerial Grid*

Unterstellen wir, daß eine unterschiedliche Betonung sowohl der Arbeitsleistung als auch der zwischenmenschlichen Probleme keineswegs den Anforderungen für ein optimales Vorgesetztenverhalten entspricht, so scheiden alle Positionen aus, die niedrigere Werte als 5 auf einer der beiden Skalen aufweisen. Erinnern wir uns weiter an die Untersuchungen zur Frage, welcher der beiden Dimensionen notfalls ein Übergewicht zukommen soll, so scheidet auch der Bereich einer Überbetonung der Produktion oder der Arbeitsleistung zu Gunsten der Menschenbetonung aus. Der Optimalbereich ist somit, von Position 5.5 ausgehend, linksseitig der Diagonale nach 9.9 zu suchen (vgl. schraffiertes Dreieck in Abbildung 5). Bei 5.5 ist also nicht das Optimum, wie etwa bei Likert, bereits erreicht, nein, 5.5 ist nach Blake und Mouton erst der Beginn dessen, was optimales Führungsverhalten ausmacht!

Blake und Mouton entwickelten ein Trainingsprogramm, in welchem die Vorgesetzten für die gleichrangige Bedeutung beider Dimensionen sensibilisiert und gleichzeitig mit Techniken der Organisationsentwicklung, z.B. Erreichen von Zusammenarbeit durch Vorgabe bestimmter Arbeitsziele, vertraut gemacht werden sollen. Das Verhaltensgitter wird als Instrument zur Kontrolle des Schulungserfolgs eingesetzt, indem die Positionen jedes Trainingsteilnehmers vor und nach dem Schulungsprogramm festgestellt und miteinander verglichen werden.

So einleuchtend dieses Vorgehen aufs erste Hinsehen ist und trotz der verbreiteten Faszination, die dieses Programm in weiten Teilen der Wirtschaft und ansatzweise der öffentlichen Verwaltung ausgelöst hat, dürfen einige kritische Punkte nicht übersehen werden, die zum Teil auch schon gegen die Vorläufermodelle vorzubringen waren:

1. Es ist sehr fraglich, ob zwei Dimensionen zur Beschreibung des komplexen Phänomens Führung ausreichen. Der postulierte Ursache-Wirkungs-Zusammenhang zwischen Führungsstil und Führungserfolg ist nicht zwingend, da in diesem Ansatz kaum berücksichtigte Situationsvariablen den Führungsprozeß wesentlich mitbeeinflussen. Zudem sieht das Modell Gruppeneffekte, wie z.B. Leistungsbereitschaft, Arbeitszufriedenheit, Absentismus usw., zu einseitig vom Vorgesetzten bewirkt. Hier wird ein zugrundeliegendes hierarchisches Grundkonzept deutlich, das jeden Einfluß von höheren Organisationsebenen ausgehen sieht, dabei allerdings völlig an der Tatsache vorbeigeht, daß auch Einfluß "von unten nach oben" möglich ist, der den gleichen psychologischen Spielregeln wie umgekehrt gehorcht!

2. Die Gitterposition eines Vorgesetzten ist oft nur ein künstliches Ergebnis wenig konsistenter Beschreibungen. Wenn mehrere Mitarbeiter das typische Verhalten ihres

Vorgesetzten mit Hilfe eines Fragebogens, wie wir ihn noch kennenlernen werden, beschreiben sollen, so weichen die Werte oft erheblich voneinander ab, weil jeder den Vorgesetzten aus seiner Sicht und aufgrund seiner persönlichen Erfahrungen etwas anders sieht und bewertet. Das Durchschnittsergebnis signalisiert lediglich einen generellen Trend der Beschreibungen, die aber sehr weit auseinanderliegen können. - Das arithmetische Mittel zwischen 99 und 101 ist genauso 100 wie das zwischen 1 und 199!

3. Unterschiede der Gitterposition vor und nach einer Weiterbildungsmaßnahme müssen nicht auf tatsächlichen Verhaltensänderungen des Geschulten beruhen. Sie können beispielsweise durch Wahrnehmungsänderungen und damit Änderungen des Beurteilungsverhaltens der Beurteiler zustandekommen als Folge positiver oder negativer Erwartungen an jemanden, der an einem Trainingsprogramm teilgenommen hat. Nur zu bekannt ist die Haltung mancher Mitarbeiter, die einen Vorgesetzten nach seiner Rückkehr von einem Führungslehrgang argwöhnisch, ängstlich oder nur neugierig gespannt in seinem Verhalten beobachten, um festzustellen, was er jetzt wohl alles anders macht. Auf diese Weise kann es sehr leicht passieren, daß die Beobachter Verhaltensweisen feststellen, die gar keine Schulungseffekte sind, sondern schon früher vorhanden waren, aber dort nur nicht bemerkt worden waren.

4. Die Fragebogenerfassung von Führungsverhalten kann ihrem Anspruch, das Verhalten schlechthin zu messen, nicht genügen. Höhere Vorgesetzte kennen das Führungsverhalten eines nachgeordneten Vorgesetzten vom eigenen Hinsehen viel weniger als dessen Kollegen und die wiederum weniger als dessen unmittelbare Mitarbeiter.

5. Die sogenannten "Verhaltensfragebogen" erfassen lediglich Einstellungen, Wertungen und damit Beurteilungen von Vorgesetztenverhalten. Insofern sagen diese Verfahren oft mehr über die Beurteiler aus als über die Beurteilten selbst - eine These, die sich auf die institutionalisierte Personalbeurteilung übertragen läßt!

6. Die Fragen sind in ihrer Zielrichtung für den Beurteiler absolut durchschaubar. Er kann daher - sei es absichtlich oder auch unbeabsichtigt - einen Vorgesetzten in besserem oder weniger günstigem Licht darstellen. Insofern sind diese Fragebogen in der Praxis nur in solchen (Sonder-)Fällen anwendbar, wo aus den leicht verfälschbaren Antworten für die persönlich Betroffenen keine nachteiligen Konsequenzen gezogen werden können. In Frage käme eine Anwendung etwa in einer Dienststelle, wo der Vorgesetzte selbst von seinen Mitarbeitern wissen möchte, wie sie ihn sehen.

Dies sollte aber anonym geschehen, um keine Schönfärbereien zu provozieren. Eine andere Anwendungsmöglichkeit wäre bei Lehrgängen, um Verhaltensstrukturen von Vorgesetzten sichtbar zu machen oder die Relativität des Beurteilens zwischen den Beurteilern zu verdeutlichen.

2.2.4 Mehr-Faktoren-Modelle

In Anlehnung an die Zwei-Faktoren-Modelle entwickelten Bowers und Sheashore (1966) in den USA ein Vier-Faktoren-Modell, Fittkau-Garthe und Fittkau (1971) in der Bundesrepublik Deutschland ein Fünf-Faktoren-Modell des Führungsverhaltens.

Diesem Modell liegt die Konstruktion eines Fragebogens, des "Fragebogens zur Vorgesetzten-Verhaltens-Beschreibung" (FVVB) zugrunde. Es handelt sich dabei um ein Endprodukt mit einer zehnjährigen Entwicklungsgeschichte (vgl. dazu Liebel, 1978, S. 115 ff.). Der FVVB stellt im wesentlichen eine für deutsche Verhältnisse konstruierte Kurzform des in dem erwähnten Ohio-Projekt verwendeten Fragebogens dar.

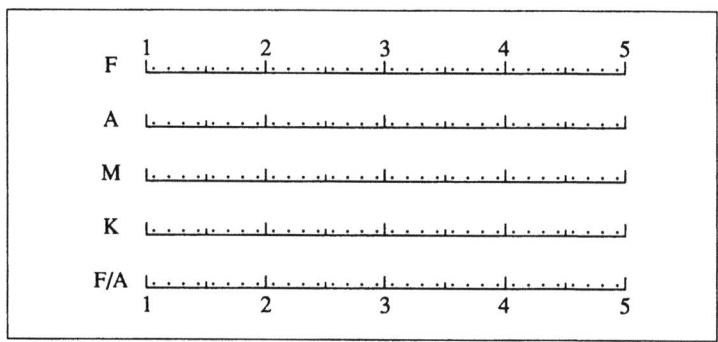

Abb. 6: *Faktorielles Führungsmodell nach Fittkau-Garthe und Fittkau*

Faktoren, die das Vorgesetztenverhalten wesentlich bestimmen, sind in Abbildung 6 als 5-stufige Skalen eingezeichnet. Die fünf Faktoren tragen die Bezeichnungen "Freundliche Zuwendung und Respektierung" (F), "Mitreißende, zur Arbeit stimulierende Aktivität" (A), "Ermöglichung von Mitbestimmung und Beteiligung" (M), "Kontrolle versus laissez-faire" (K) sowie "Freundliche Zuwendung und stimulierende Aktivität" (F/A), eine aus den ersten beiden Faktoren kombinierte Skala. Die Faktoren F und A entsprechen weitgehend den uns inzwischen hinreichend bekannten Dimensionen "Consideration" und "Initiating Structure" bzw. "Menschenorientierung" und "Produktorientierung". Der Faktor K ist mit dem uns bereits bekannten linearen Führungsmodell aus Abbildung 1 identisch. Im Faktor K entspricht der Skalenpunkt 1 dem laissez-faire, der Skalenpunkt 3 dem kooperativen und der Skalenpunkt 5 dem autoritären Stil. Der Faktor F/A entspricht exakt der Optimallinie im Verhaltensgitter von 1.1 nach 9.9, denn F ist identisch mit "Menschenorientierung", A identisch mit "Produktorientierung" (vgl. Abbildung 5). Die Unterschiede liegen alleine in der jeweils anderen Feinstrukturierung der Skalen. Während im Verhaltensgitter Neunerskalen verwendet werden, benutzen Fittkau-Garthe und Fittkau Fünferskalen. Dies ändert allerdings nichts an den inhaltlichen Übereinstimmungen. Die 32 Fragen des FVVB verteilen sich so über die Faktoren, daß 12 Fragen auf F, 7 auf A, 4 auf M, 5 auf K und 4 auf F/A entfallen. Der Beurteiler stuft die einzelnen Merkmale seines Vorgesetzten, z.B. "Er kritisiert seine unterstellten Mitarbeiter auch in Gegenwart anderer", je nach Ausprägungsgrad mit Gewichtungen von Stufe 1 ("fast nie", "wenig ausgeprägt") bis Stufe 5 ("oft", "sehr stark") ein. Die Endwerte für F, A, M, K, und F/A werden durch Mittelung der Einstufungen auf den jedem Faktor zugehörigen Fragebeantwortungen errechnet. Die fünf Skalen-Mittelwerte ergeben zusammen ein graphisch darstellbares "Vorgesetzten-Verhaltensprofil". Der FVVB kann als Einzel- oder Gruppentest durchgeführt werden. Die durchschnittliche Testdauer beträgt 10 bis 20 Minuten.

Sinn von Untersuchungen mit dem FVVB ist es, Bezugspunkte zu ermitteln, anhand derer das Einschätzungsprofil und damit das Selbstverständnis einer/s Vorgesetzten X interpretiert werden kann. Gleichzeitig können sie Hinweise auf Trends im Organisationsklima, z.B. Diskrepanzen zwischen bestimmten betrieblichen Gruppen, liefern, denen dann genauer nachgegangen werden kann. Meyer und Liebel konnten in einer Methodenstudie (in: Liebel, 1978, S. 136 ff.) nur die beiden ersten Faktoren des Fittkau-Modells, und damit die beiden bekannten Ohio-Faktoren, als gesicherte und durch den FVVB hinreichend gut erfaßbare Dimension nachweisen - ein Ergebnis, das u.a. von Titscher (1980) bestätigt wurde. Die fünf Faktoren sind zwar inhaltlich sinnvoll, methodischem Zugriff aber noch nicht zugänglich. So gesehen ist der mehrfaktorielle Ansatz gegenwärtig nicht mehr als eine gute Idee, der die Konstruktion von geeigneten Erhebungsinstrumenten allerdings noch erheblich hinterherhinkt. Das faktorielle Modell hat daher vorläufig nur didaktischen Wert.

Zusammenfassend läßt sich sagen, daß die verhaltenstheoretischen Konzepte versuchen, in zunehmend differenzierter Beschreibung Führertypen zu modellieren. Alle Führungskonzepte vernachlässigen aber die äußerst wichtige Tatsache, daß sich ein Vorgesetzter gegenüber allen seinen Mitarbeitern nicht in der gleichen Art und Weise zu verhalten braucht und dies auch meistens nicht tut. Den einen Mitarbeiter führt er konstant personorientiert, er unterhält sich mit ihm häufig über Privates und ist stets sehr freundlich. Einen anderen drängt er ebenso konstant, Termine einzuhalten, schneller und genauer zu arbeiten, pünktlich zu sein; ein persönliches Wort wird selten gewechselt, vielleicht, weil er ihn aus irgendeinem Grund nicht leiden kann oder weil der Mitarbeiter fachlich noch zu wenig kann. Weiter ist zu berücksichtigen, daß ein und dasselbe Verhalten eines Vorgesetzten von Mitarbeiter A eher aufgabenorientiert, von B eher personorientiert interpretiert und beurteilt werden kann. Die Fragen nach der Beschreibung und Veränderung konkreter Beziehungen zwischen einem bestimmten Vorgesetzten und einem bestimmten Mitarbeiter läßt dieser Ansatz völlig außer acht. Insofern kann er für die Lösung aktueller Schwierigkeiten und Konflikte nur sehr vage und allgemeine Anhaltspunkte liefern - Führungsstile als Beispiele typologisierender Vereinfachung komplexer Realität!

2.3 Der Situationsansatz von Fiedler

Wir haben sowohl am Eigenschaftsansatz wie an den verhaltenstheoretischen Ansätzen bemängelt, daß die im Führungsprozeß vorhandenen Situationsvariablen wenig oder gar nicht berücksichtigt werden. Einen längst fälligen Schritt in diese Richtung stellt das sogenannte Kontingenzmodell von Fiedler (1974) dar. Er geht davon aus, daß der Führungserfolg von dem Zusammenwirken der bisher so vernachlässigten Situationsvariablen einerseits und Merkmalen der Führungspersönlichkeit, genauer gesagt, dem praktizierten Führungsstil andererseis, abhängt.

Die drei Situationsvariablen, die den Einfluß und die Möglichkeiten zur Verhaltenskontrolle des Führers nach seiner Auffassung bestimmen, sind:

1.   die emotionalen Beziehungen zwischen Führer und Geführtem (Sympathie gegenüber Antipathie, Vertrauen gegenüber Mißtrauen, Achtung gegenüber Geringschätzung, Gruppenatmosphäre),

2.   die Aufgabenstruktur (z.B. Routinearbeit oder komplizierte Aufgaben, spezifische gegenüber vagen Aufgabenstellungen),

3.   die Positionsmacht des Führers (das Ausmaß an Möglichkeiten, Mitarbeiter zu belohnen oder zu bestrafen).

Die wichtigste Annahme Fiedlers und seiner Mitarbeiter ist, daß sich die Gruppenleistung aus der Kombination des gezeigten Führungsstils und der Ausprägung der drei Situationsvariablen abschätzen lasse. Es gibt für den Führer mehr oder weniger günstige Gruppensituationen, d.h. Situationen, in denen sein Eingreifen mehr oder weniger Wirkung zeigt. Abbildung 7 verdeutlicht, wie man sich dies vorzustellen hat.

Beziehung zwischen Führer und Geführten	Gut				Schlecht			
Aufgabenstruktur	Hoch		Niedrig		Hoch		Niedrig	
Positionsmacht des Führers	Stark	Schwach	Stark	Schwach	Stark	Schwach	Stark	Schwach
Situationen	1	2	3	4	5	6	7	8

sehr günstig ◄──────────────────────────────────► sehr ungünstig

Abb. 7: *Fiedlers Klassifikation der Günstigkeit einer Führungssituation*

Jedes der drei Situationsmerkmale wird in zwei alternative Ausprägungsgrade eingeteilt: gut/schlecht bei der Führer-Geführten-Beziehung, hoch/niedrig bei der Aufgabenstruktur, stark/schwach bei der Positionsmacht. Aus dieser Einteilung ergeben sich acht Kombinationsmöglichkeiten. Unter jeder dieser Kombinationen steht eine Zahl von 1 bis 8. Diese Zahlen beschreiben den "Grad der Günstigkeit", Einfluß auf die Gruppe auszuüben. Ein Vorgesetzter, der es mit der Kombination 1 zu tun hat, wird es leichter als mit der Kombination 8 haben, Führungsfunktionen wahrzunehmen.

Aber nicht nur diese situativen Elemente machen den Führungserfolg aus, sondern auch die Person des Vorgesetzten. Das heißt nun nichts anderes, als daß unterschiedliche Vorgesetzte, die beispielsweise mit Kombination 6 konfrontiert sind, mit dieser Situation besser oder schlechter fertig werden können. Das hängt nach Fiedler vom Führungsstil des Vorgesetzten ab. Um diesen festzustellen, entwickelte er einen Test, bei dem der Vorgesetzte denjenigen Mitarbeiter beschreiben soll, den er am wenigsten schätzt (= LPC-Score für "least prefered coworker"). Es werden ihm Listen mit gegensätzlichen Eigenschaftsbegriffen, wie z.B. angenehm-unangenehm, freundlich-unfreundlich, ausgleichend-streitsüchtig, loyal-verleumderisch oder rücksichtsvoll-rücksichtslos vorgelegt. Zwischen jedem

Begriffspaar befindet sich eine achtstufige Skala, auf der der Vorgesetzte ankreuzt, welche Eigenschaftsausprägung für seinen Mitarbeiter zutrifft. Aus allen Ankreuzungen wird ein LPC-Gesamtwert errechnet, der so entsteht, daß ein hoher LPC-Wert einer noch ziemlich positiven Darstellung der Persönlichkeit des wenig geschätzten Mitarbeiters entspricht, ein niedriger LPC-Wert dagegen bedeutet einen charakterlichen "Verriß". Ein Vorgesetzter mit hohem LPC-Wert beschreibt auch den am wenigsten bevorzugten Mitarbeiter als relativ freundlich, kooperativ und intelligent, ein Vorgesetzter mit niedrigem LPC-Wert läßt kein gutes Haar an ihm. Fiedler behauptet, daß ein Vorgesetzter, der einen hohen LPC-Wert produziert, genau unterscheidet zwischen den menschlichen Qualitäten, also den Persönlichkeitsmerkmalen, und der reduzierten Qualität der Arbeit, die der Mitarbeiter liefert, während der Vorgesetzte mit niedrigem LPC-Wert die reduzierte Arbeitsleistung mit Persönlichkeitsmerkmalen vermengt.

An der Interpretation des LPC-Maßes wird die Parallele zu den beiden Ohio-Faktoren deutlich. Fiedler verwendet lediglich eine andere Methode als die Ohio-Gruppe, um zu ähnlichen Kennzeichnungen grundlegender Elemente von Führungsstilen zu gelangen: Ein Vorgesetzter mit niedrigem LPC-Wert ist eher aufgabenorientiert, einer mit hohem eher personorientiert.

Wenn die Gruppenleistung auch vom praktizierten Führungsstil des Vorgesetzten abhängt, dann stellt sich die Frage, in welchen der acht Situationskombinationen mit welchem der beiden Führungsstile größere Erfolge erzielt werden können. Nach den Untersuchungen Fiedlers sind in extrem günstigen oder extrem ungünstigen Situationen aufgabenorientierte Führer erfolgreicher, in Situationen mittlerer Günstigkeit eher personorientierte. Dies bringt die Kurve in Abbildung 8 zum Ausdruck. In den Situationen 1 bis 3 waren Vorgesetzte mit negativen, also niedrigen LPC-Werten erfolgreicher als solche mit höheren, in den Situationen 4 bis 6 waren solche mit höheren LPC-Werten erfolgreicher. In Situation 7 war praktisch kein Unterschied zwischen der Wirksamkeit beider Führungsstile festzustellen, während bei Situation 8 eindeutig die Vorgesetzten mit niedrigen LPC-Werten erfolgreicher waren.

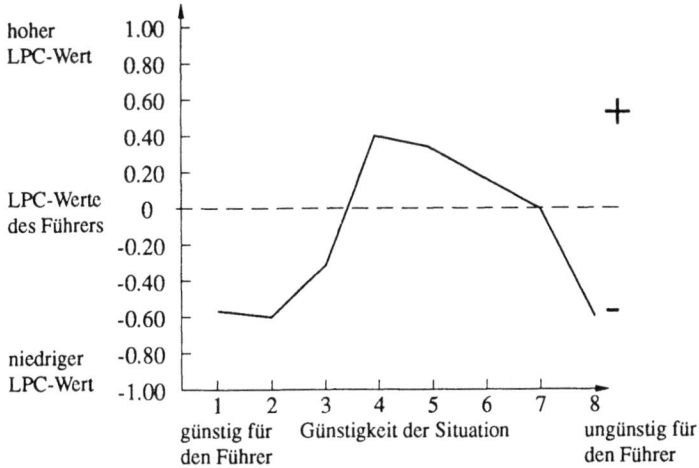

Abb. 8: *Die Beziehungen zwischen LPC-Werten und der Gruppeneffizienz nach Fiedler*

Dieses Modell ist auf den ersten Blick von bestechender Prognosekraft. Braucht man doch nur die jeweilige Alternative pro Situationsvariable zu bestimmen und den Führungsstil dazu, und schon lassen sich Vorgesetzte mit Aussicht auf Erfolg einsetzen! So einfach, wie es scheint, ist die Sache jedoch nicht. Erstens praktizieren die vorhandenen Vorgesetzten nicht immer den für die gegebene Situation wirksamsten Führungsstil. Dies hätte zur Konsequenz, die Führungsstile z.B. in Weiterbildungsseminaren zu verändern. Dies kann aber nicht so schnell gelingen, wie sich möglicherweise die Situationen verändern, weil Führungsstile auf einem relativ stabilen Gerüst aus Werthaltungen, Einstellungen und Motiven beruhen. Zweitens ist der Führungsstil, wenn man ihn mit dem LPC-Wert bestimmt, aber wieder nicht so stabil, daß man nur Situationen herbeizuführen brauchte, die zu diesem Stil passen. Man müßte also permanent Situationen an Führungsstile und umgekehrt anpassen. Drittens sind auch die Meßskalen Fiedlers sehr umstritten. Sie weisen erhebliche inhaltliche und methodische Mängel auf, die so schnell wohl nicht behoben werden können:

Die Fiedlerschen Methoden zur Feststellung aller Variablen einschließlich des Führungsstils beruhen auf Selbsteinschätzungen der Führer. Dies ist eine sehr problematische

Sache, wenn man beispielsweise an die Bewertung der Differenziertheit der Aufgabenstruktur denkt, die seitens eines Mitarbeiters ganz anders als von einem Vorgesetzten beurteilt werden kann, oder gar an die Beurteilung des Vertrauensverhältnisses zwischen Vorgesetzten und Mitarbeitern! Was das LPC-Maß betrifft, ist gar nicht gesagt, daß ein Vorgesetzter einen Mitarbeiter deswegen am wenigsten schätzt, weil er weniger leistet als die anderen. Es könnte ja auch sein, daß er den am wenigsten schätzt, der wesentlich mehr leistet als er selber und damit eventuell seine Position gefährdet. In solchen Fällen könnte ein Vorgesetzter mit niedrigem LPC-Wert sehr wohl Leistungen und Persönlichkeitsmerkmale auseinanderhalten. Er würde den Mitarbeiter nicht aus einer aufgabenorientierten Haltung heraus charakterlich gering achten, sondern aus egozentrischen Motiven, vielleicht aus Angst, sein Image oder seine Position zu verlieren. Weder Aufgabenorientierung noch Personorientierung wären dann das Motiv seines Verhaltens, sondern das Aufrechterhalten seines bedrohten Selbstbewußtseins. Fiedlers Annahme, daß hohe LPC-Werte durch Personorientierung, niedrige dagegen durch Arbeitsorientierung motiviert seien, läßt sich in dieser Einfachheit nicht halten.

Trotz aller Schwächen hat das Modell zu einem Umdenken in der Führungsforschung geführt und wichtige Impulse zur Weiterarbeit gegeben.

2.4 Interaktionsansätze

Seit einigen Jahren machen Ansätze unter Bezeichnung "Path-Goal"-Theorien oder "Weg-Ziel"-Theorien verstärkt von sich reden (z.B. House, 1971; Evans, 1974). Es handelt sich dabei um Ansätze, welche die ständig betonte Komplexität des Führungsprozesses ernst zu nehmen versuchen und auch Wechselwirkungen berücksichtigen. Die Einflüsse werden nicht mehr alleine von "oben nach unten" betrachtet, vielmehr werden auch die Einflüsse, die von den Mitarbeitern auf die Vorgesetzten ausgehen, stärker berücksichtigt. Führungserfolg wird abhängig gesehen

1.   von Persönlichkeitsmerkmalen, und zwar nicht nur denen der Vorgesetzten, sondern auch der Nachgeordneten,

2.   von Situationsmerkmalen, und zwar von erheblich mehr als den zuvor bei Fiedler genannten, so z.B. vom technischen Stand von Werkzeugen, Maschinen und anderen Materialien oder von physikalischen Gegebenheiten des Arbeitsplatzes,

3.   von sozialen Situationen, auch im außerdienstlichen Bereich, und

4.   von den Gegebenheiten der Organisationsstruktur.

Motivation, Fähigkeiten und die Zufriedenheit der Mitarbeiter sind die neuen Orientierungspunkte.

Den Weg-Ziel-Theorien liegt die Annahme zugrunde, daß Gruppenmitglieder nur dann etwas für den Erfolg ihrer Gruppe tun, wenn dieses Verhalten für das jeweilige Mitglied einen erkennbaren Nutzen oder einen Vorteil bringt, z.B. eine Befriedigung persönlicher Bedürfnisse, Lohnsteigerung, Beförderung oder Prestigezuwachs in unmittelbarer Abhängigkeit zu den erbrachten Leistungen. Der Führer hat im wesentlichen zwei Funktionen:

1.   Er hat die Art und Menge der ideellen und materiellen Gewinne des Mitarbeiters zu steigern und

2.   die Mitarbeiter zu beraten auf dem Weg, die Arbeitsziele ohne Umwege zu erreichen, Konflikte zu lösen oder zu vermeiden, persönliche und dienstliche Interessen nicht aus dem Auge zu verlieren.

Der Vorwurf, diese Ansätze akzentuierten letztlich auch nicht mehr als die altbekannte Zweiteilung von Arbeits- und Personorientierung, wäre vorschnell. Dieser Vorwurf ließe unseres Erachtens die Absicht der Differenzierung und das Ziel der individuellen Förderung durch Beratung der Mitarbeiter völlig außer acht.

Obgleich die Interaktionsansätze der Führungspraxis erfolgreiche Möglichkeiten zur Lösung ihrer Probleme versprechen, handelt es sich zumindest bei einigen von ihnen nur um differenzierte Beschreibungsmodelle, deren prognostischer Wert sehr zurecht in Frage gestellt wird.

Heute geht es aber mehr denn je darum, der Praxis wissenschaftlich begründete Verhaltenshilfen zur Lösung konkreter Probleme anzubieten. Diesen Anspruch stellten sich in den letzten 10 bis 15 Jahren Konzepte, die unter dem Schlagwort "Kooperation" entwickelt wurden.

3. Motivieren durch Kooperation

3.1 Motivieren durch Kooperation - Konzept oder Dilemma?

"Führen heißt:
Jemanden dazu zu bringen,
das zu tun, was man will,
wie man will und wann man will,
weil er es selbst will."

Dwight Eisenhower

Ist das Führen, ist das gar kooperatives Führen? - Ist das Manipulation oder autoritäre Indoktrination? -

3.1.1 Motivation in Theorie und Praxis

Beide Begriffe, Motivation wie Kooperation, sind als vormalige Fachbegriffe, ähnlich wie der der Frustration in die Alltagssprache abgetriftet und dort durch inflationären Gebrauch verkommen. Bringt jemand in Arbeit oder Freizeit gute Leistungen, ist er "hochmotiviert", bringt er dagegen schlechte, ist er "demotiviert", "frustriert" oder hat "Null Bock". Ist Motivation ein modernes Heilmittel, ein Zauberwort, ein "Sesam-öffne-dich" zur Therapie von Minderleistern? - Fast hat es den Anschein! Und dennoch zersplittert diese Illusion in tausend Rezepte und Rezeptchen, wie man generell oder im Einzelfall diesen Zustand des Motiviertseins hervorrufen könnte.

Vielleicht hilft eine Rückbesinnung auf den Sprachgebrauch der Motivationstheorien der Psychologie aus diesem Dilemma der Praxis:

Dort wird zwischen Motiv, Motivation und Motivieren unterschieden, wenn auch nicht von allen Autoren durchgehend in gleicher Weise. Ein Motiv ist als angeborene oder erworbene Handlungsbereitschaft in konkret gegebenen Situationen aufzufassen. Synonyme wären z. B. konkrete Bedürfnisse, Werte, Wünsche, Erwartungen und Verhaltensbereitschaften. Ob diese jedoch immer zu einem ebenso konkreten Verhalten veranlassen, ist fraglich. Komplexere Ansätze wie z. B. die Erwartungs-Valenz-Theorien (z. B. Vroom, 1964) postulieren dafür mehr als nur das Vorhandensein von Motiven. Der Zustand der Motiviertheit oder Motivation läßt sich formelhaft so darstellen:

$$M = f \ (\text{Motiv(e)} \quad \text{x} \quad P_{\text{Erfolgserw.}} \quad \text{x} \quad \text{Wert})$$

Die Motivation ist eine Funktion der multiplikativen Verknüpfung von einem oder mehreren konkreten Motiven mit der subjektiven Einschätzung, diese durch eine bestimmte Handlung erfolgreich zu befrieden, und der persönlichen Bedeutsamkeit, die das Handlungsergebnis im Wertesystem des Individuums besitzt. Um nun jemanden gezielt in einen Zustand der Motiviertheit zu versetzen, was wir als "Motivieren" bezeichnen, ist die Kenntnis seiner Motive, die Kenntnis darüber, wie er seine Fähigkeiten und Fertigkeiten einschätzt, und die Kenntnis seines Wertesystems unabdingbare Voraussetzung. Weiter enthält jede Motivation die Komponenten der *Intention*, also eine Ausrichtung auf ein Ziel, und eine *Aktivation*, also ein gewisses Ausmaß an psychischem und physischem Aufwand oder Energieeinsatz.

Das Ergebnis motivierten Handelns ist im weitesten Sinne eine Leistung. Leistung (L) ist (nach Heider, 1977) eine Funktion des Produkts aus Motivation (M) und Fähigkeiten (F).

$$L = f \ (\ M \ \text{x} \ F \ )$$

Ist jemand wenig motiviert, hat aber hohe Fähigkeiten, wird wenig Leistung entstehen, ebenso im umgekehrten Fall, wo hoher Motivation nur geringe Fähigkeiten gegenüberstehen, was die Aktivitäten solcher Leute meist ausgesprochen tragisch enden läßt!

Konzentrieren wir uns jetzt auf die Leistungen, die in der Arbeitswelt erbracht werden müssen. Da hier die Selbststimulation häufig nicht ausreicht, ist es in strukturierten Organisationen Aufgabe der Vorgesetzten und Führungskräfte, Leistungsmotivation im engeren Sinn bei den Mitarbeitern zu erzeugen.

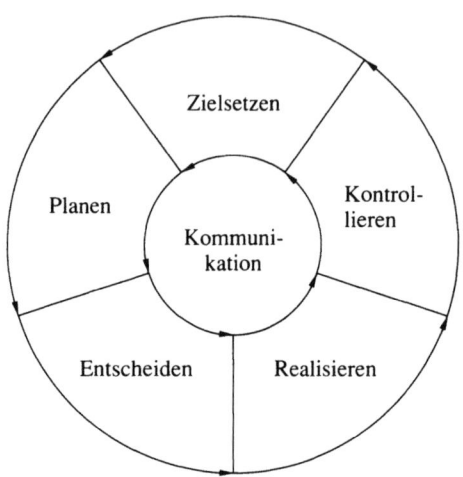

Abb. 9: *Der Managementkreis*

Die wichtigsten Führungsaufgaben zeigt der Managementkreis (vgl. Abbildung 9) mit den
Funktionen Zielsetzen, Planen, Entscheiden, Realisieren und Kontrollieren. Im Zentrum
steht die Kommunikation als Instrument der sozialen Beeinflussung. Führen und Erziehen
sind beides Varianten des Versuchs, andere Menschen zu beeinflussen; beide sind in ihren
Zielsetzungen und Techniken einander eng verwandt. So verstanden ist Führen und Erziehen ein motiviertes Verhalten, um andere zu motivieren.

Somit gilt die These:

Ein grundlegendes Problem der Verwendung von Motivationskonzepten besteht darin, daß
Motive, Bedürfnisse, Beweggründe, Dispositionen, Visionen usw. aus beobachtbarem
Verhalten *erschlossen* werden. Die dabei auftauchenden Schwierigkeiten sind verschiede-
ner Art:

1. Einzelnen Handlungen können verschiedene Motive zugrunde liegen,

2. Motive können in verdeckter Form auftreten,

3. durch ähnliche oder identische Handlungen können verschiedene Motive zum Ausdruck kommen,

4. ähnliche Motive können in unterschiedlichem Verhalten zum Ausdruck kommen und

5. kulturelle und persönliche Unterschiede können die Ausdrucksformen bestimmter Motive beeinflussen.

Intuitive soziale Beeinflussung spielt in jeder zwischenmenschlichen Beziehung eine Rolle. Will man jedoch gezielt, durchdacht und mit gesicherten prognostischen Effekten Einfluß ausüben, ist die Kenntnis der Bedingungen und die Beherrschung entsprechender Verhaltenstechniken erforderlich.

Die erste und wichtigste Voraussetzung systematischen Motivierens ist die Kenntnis der individuellen Werte- und Bedürfnisstruktur der Zielperson(en). Der bedeutende deutsche Pädagoge und Kulturphilosoph Eduard Spranger hat bereits 1921 in seinem berühmten Buch "Lebensformen" die - auch heute noch gültigen - wichtigsten grundlegenden Wertorientierungen des Menschen beschrieben, nämlich die *theoretische*, die *ökonomische*, die *ästhetische*, die *soziale*, die *religiöse* und die *politische*. Aus heutiger Sicht sind diese noch um die *ökologische* Perspektive zu ergänzen, um den aktuellen Stand zu repräsentieren. Jeder Mensch hat eine individuelle, sehr stabile Rangordnung nach der persönlichen Wichtigkeit dieser für ihn verhaltensbestimmenden Werte. Sie gilt es im häufigen Umgang und im persönlichen Gespräch herauszufinden.

Die individuelle Wertestruktur kann auch mit Hilfe des Werteinstellungs-Tests (WET) von Roth (1972) psychodiagnostisch präzise festgestellt werden.

Die Feststellung der individuellen Bedürfnisse ist ob ihrer hohen Variabilität über die Zeit deutlich schwieriger. Als Anhaltspunkt dafür, was es alles an Bedürfnissen überhaupt gibt, sei die bekannte Bedürfnisklassifikation nach Abraham Maslow (1970) mitgeteilt:

Bedürfnis nach
Selbsterfüllung

Entfaltung, volle
Verwirklichung der
eigenen Möglichkeiten,
Selbstverwirklichung

Ichbezogene Bedürfnisse

Selbstachtung, Selbstvertrauen,
Achtung durch andere
(Anerkennung, Status)

Soziale Bedürfnisse

Gesellung, Zugehörigkeit, Freundschaft
Gruppe

Sicherheitsbedürfnisse

das Dach überm Kopf, materielle Sicherung,
"Broterwerb", Sicherung des Existenzminimums,
Altersvorsorge, allgemeines Schutzbedürfnis,
Bedürfnis nach stabilen Verhältnissen

Physiologische Bedürfnisse

Hunger, Durst, Schlaf, Bewegung, Sexualität usw.

Abb. 10: *Hierarchie der Bedürfnisse nach Maslow*

Diese Bedürfnissammlung muß ergänzt werden um die Bedürfnisse nach *Kompetenz* (Fertigkeiten sich mit der Umwelt wirkungsvoll auseinanderzusetzen), nach *Autonomie*, nach *Macht*, nach *Zurückgezogenheit*, nach *Freizeit*, nach *Unbestimmtheit*, nach *Kontrolle* und andere.

Was das Erkennen aktueller Bedürfnisse erschwert, ist der Umstand, daß diese Bedürfnisse in allen denkbaren Konstellationen auftreten können. Dennoch wird der um Sensibilität bemühte Vorgesetzte aus dem Verhalten und den Äußerungen der Mitarbeiter zumindest die dominanten Bedürfnisse erkennen können. Genaueren Aufschluß bringen nur häufigere Gesprächskontakte, die neben der sachbezogenen Erörterung von Arbeitsproblemen auch die persönliche Situation von Mitarbeiter(n) und Vorgesetzten beinhalten.

Bedürfnis- und Wertorientierung

Anerkennung und Kritik

Modellwirkung
(Vorbildfunktion)

Aufbau und Förderung sozialer Bindungen

Verbesserung der Wahrnehmung

Transparenz von Informationen und Aufträgen

Abb. 11: *Soziale Beeinflussung durch Motivation*

Abbildung 11 gibt weitere Anhaltspunkte, was außerdem für eine systematische Leitung anderer unverzichtbar wichtig ist. Hierzu gehört der kontrollierte Einsatz von Anerkennung und Kritik erwünschten und unerwünschten Verhaltens. Das eigene Verhalten als Modell für die anderen ist von ethischer Bedeutung, als wir von anderen nichts verlangen dürfen, wozu wir selbst kein Vorbild abgeben, und von fachlich-sachlicher Bedeutung, als andere von unserem Verhalten für ihr eigenes lernen können sollen. Der Aufbau und die Förderung sozialer Kontakte zwischen den Mitarbeitern soll dazu beitragen aus "Einzelkämpfern" leistungsfähige Teams, möglichst auch auf der Basis gegenseitigen Verstehens, zu bilden. Verbesserung der Wahrnehmung meint, die anderen zu unterscheiden lehren, was wichtig und was eher nebensächlich ist, und welche Prioritäten sinnvollerweise zu setzen sind. Schließlich motivieren transparente Informationen und Aufträge, die in einer für die Zielpersonen verständlichen Sprache abgefaßt und in ihrem Sinngehalt erläutert und begründet sind, positiver als in abgehobener Fach- und Verwaltungssprache abgefaßte "Erlasse" und " Befehle"!

Die Auseinandersetzung mit Fragen der Motivation im allgemeinen und der Arbeitsmoti-
vation in Organisationen im besonderen ist für das Verständnis kooperativen Verhaltens
von großer Bedeutung. Kooperation lebt stärker als jede andere Führungsform von wechselseitigen interpersonalen Einflußprozessen. Sie stützt sich mehr auf Überzeugung und
Aushandeln als auf Drohung, Manipulation oder Zwang. Besonders im Hinblick auf die
Förderung einer verantwortungsbewußten Entscheidungsbeteiligung und Zusammenarbeit
der Mitarbeiter spielt die Berücksichtigung motivationaler Fragen eine große Rolle. So
hängt beispielsweise die Motivation eines Mitarbeiters, an Entscheidungsprozessen aktiv
teilzunehmen, maßgeblich davon ab, inwieweit sein Berufsinteresse und die Anforderungen der Arbeitsaufgabe miteinander übereinstimmen.

3.1.2 Kooperation in Theorie und Praxis

Dem Kooperationsbegriff blieb ein ähnliches Schicksal wie dem Motivationsbegriff leider
nicht erspart. Wir erlebten in den letzten 10-15 Jahren die Favorisierung des "kooperativen
Führungsstils" in der Arbeitswelt. Führungs- und Unternehmensgrundsätze schossen in
Form von Leitlinien für die Zusammenarbeit in und von Behörden und Betrieben als lautes
Bekenntnis zum humanen Leitstern "Kooperation" wie Pilze aus der Erde.

McGregor (1970, S. 14 f., zit. nach Wunderer et al. 1980, S. 9) hat bei Führungskräften
vier unterschiedliche Auffassungen zur kooperativen Führung festgestellt:

1.   Kooperative Führung als *magische Formel*, die fast alle Managementprobleme löst.

2.   Kooperative Führung als eine Form des *Führungsverzichts*, als Schwächung des Ma-
     nagements sowie als Verringerung der Leistungsfähigkeit.

3.   Kooperative Führung als nützliches Instrument zur *Manipulation* der Unterstellten,
     um ihnen glauben zu machen, sie würden mitentscheiden.

4.   Kooperative Führung als eine *erfolgreiche Führungsform* bei nüchterner Einschät-
     zung ihrer Möglichkeiten und Grenzen.

In diesen Auffassungen spiegeln sich auch vorwissenschaftliche Annahmen und unterschiedliche Menschenbilder wider. Die ersten beiden Auffassungen sind empirisch wider-
legt (vgl. Stogdill, 1974). Die dritte Auffassung ist häufig in der Praxis anzutreffen. Den-

noch wird sie von der Mehrzahl der Wissenschaftler und Praktiker aus ethischen Gründen abgelehnt. Schwierig ist die Unterscheidung zwischen 3. und 4. insofern, als die Grenzen zwischen Überzeugen und Manipulieren stets fließend sind.

Nach eingehender Analyse der in der Literatur am häufigsten verwendeten empirsch und/oder theoretisch fundierten Merkmale schlagen Wunderer und Grunwald (1980, S. 10) folgende Konzeptualisierung vor :

Kooperative Führung ist

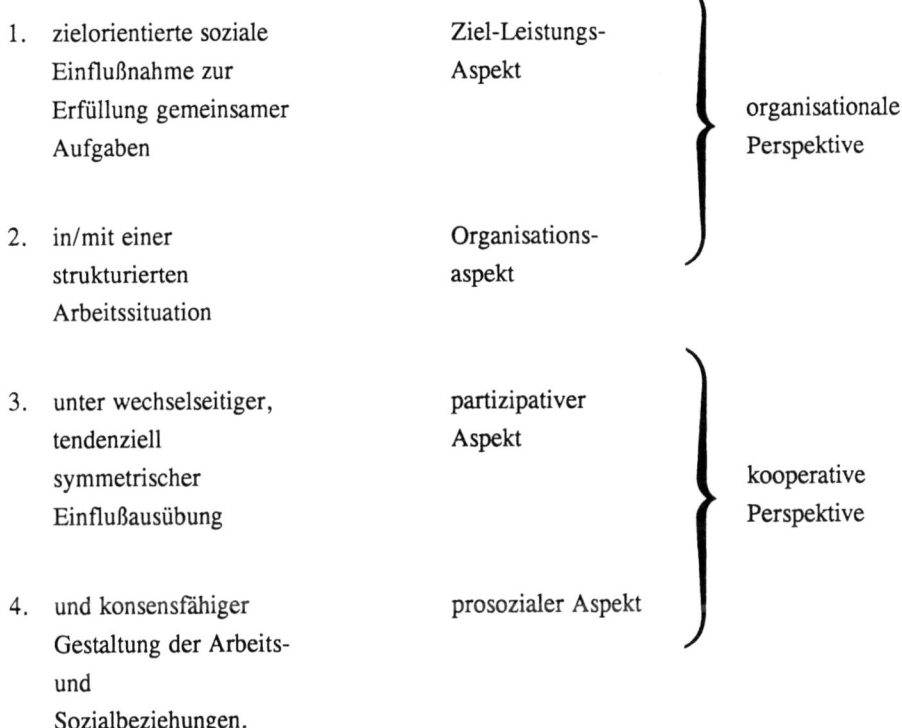

1. zielorientierte soziale Einflußnahme zur Erfüllung gemeinsamer Aufgaben   Ziel-Leistungs-Aspekt

2. in/mit einer strukturierten Arbeitssituation   Organisations-aspekt

organisationale Perspektive

3. unter wechselseitiger, tendenziell symmetrischer Einflußausübung   partizipativer Aspekt

4. und konsensfähiger Gestaltung der Arbeits- und Sozialbeziehungen.   prosozialer Aspekt

kooperative Perspektive

Oder in Kurzfassung:

"Kooperative Führung ist ziel- und ergebnisorientierte sowie partizipative und prosoziale Beeinflussung."

Wunderer und Grunwald (1980, S. 129 f.) kommen nach Durchsicht internationaler Lite-

145

ratur zu folgenden Feststellungen über Kooperation und die Einstellungen von Managern zu Kooperationskonzepten:

Eine wirksame kooperative Führung muß sowohl vom Management als auch von den Mitarbeitern gewollt sein. Die Realisierung kooperativer Führung setzt aber nicht nur den Wunsch (Wollen), sondern auch Fähigkeiten und Fertigkeiten bei den Mitarbeitern voraus (Wissen, Können). Fein (1976, S. 470) fand in einer Analyse amerikanischer und deutscher Literatur über Einstellungen und Verhaltensweisen von Top-Managern zum Partizipationsproblem eine eher negative Einschätzung kooperativer Führungsformen. Danach zeigen sich Manager vom Wert der Partizipation im Hinblick auf eine gesteigerte Produktivität und Zufriedenheit nicht sehr überzeugt. Zwar seien Manager geneigt, die Philosophie der Kooperation zu akzeptieren, allerdings zeige sich dies nicht in einem entsprechenden Verhalten gegenüber ihren Unterstellten. Einige Untersuchungen stützen diese Feststellungen (Haire et al., 1968, England, 1975). Andere Untersuchungen, insbesondere aus der Bundesrepublik Deutschland, kommen hingegen zu eher gegensätzlichen Ergebnissen (Wilpert, 1977, Koehne, 1976, Gabele et al., 1977).

Miles (1975, S. 44 f.) fand bei vielen Managern die Neigung, einzelne Konzepte der kooperativen Mitarbeiterführung, wie z.B. Beteiligung an Entscheidungen, zu akzeptieren. Dennoch zweifeln sie häufig an den Fähigkeiten ihrer Mitarbeiter zu Selbststeuerung und Selbstkontrolle. Die von Miles befragten Manager sprachen ihren Mitarbeitern Merkmale wie Verantwortung, Urteilskraft und Initiative schlechtweg ab.

Partizipatives Management wurde von den Managern eher mit erhöhter Zufriedenheit und Gemächlichkeit assoziiert als mit erhöhter Leistung, das heißt, die Manager folgten in ihren Theorien für Mitarbeiter mehr dem Human-Relations-Modell als dem Human-Resources-Modell, das sich an der Aktivierung des Leistungspotentials der Mitarbeiter orientiert.

Angesichts der überwiegend wertenden Auffassungen zur kooperativen Führung sowie fehlender empirischer Befunde wurde kooperative Führung von vielen Autoren als Allheilmittel zur Lösung der personalen und sachlichen Führungsprobleme betrachtet.

Diese Feststellung läßt sich vor allem anhand populärwissenschaftlicher Publikationen zum Führungsproblem belegen. Wie jedoch zahlreiche Erfahrungs- und Forschungsberichte zeigen, ist die Forderung nach einer allgemeingültigen kooperativen Führungsform als der besten aller möglichen Führungsformen illusionär (vgl. Wunderer et al., 1980, S. 128 f.).

Eine der Hauptursachen für das gelegentliche Mißlingen von Kooperation ist auch in folgendem Sachverhalt zu sehen (vgl. Liebel, 1984, S. 79):

Die Annahme eines in sich undifferenzierten, einheitlichen Motivs zur Zusammenarbeit und zur Solidarität hat sich in vielen Untersuchungen zur Motivation kooperativen Verhaltens als nicht haltbar erwiesen. Vielmehr verbergen sich hinter den als kooperativ apostrophierten Verhaltensweisen auch *individualistische* (selbstbezogene, egozentrierte), *kollektivistische*, auf gemeinsamen Gewinn hin orientierte, oder *egalitäre* (gleichmacherische) Motive. So verhalten sich manche nur deshalb kooperativ, weil sie auf diese Weise den Eindruck erwecken wollen, umgänglich und mitarbeiterinteressiert zu sein. In Wirklichkeit ist vielleicht das Motiv, aufsteigen zu wollen, primär den eigenen Vorteil zu suchen, die treibende Kraft ihres Verhaltens. In der Regel liegt kooperativem Verhalten wohl eine Mischung aus mehreren der genannten Motive zugrunde, wobei bald dem einen, bald dem anderen stärkeres Gewicht zukommt.

Hinter dem Schild des Kooperativen - und dies bleibt festzuhalten - können sich sehr viele, zum Teil geradezu entgegengesetzte Motive verbergen. Freundliches, höfliches, zuvorkommendes Verhalten kann auch Deckmantel für das Durchsetzen recht unfreundlicher Absichten sein. So gesehen ist es besser, wenn jemand, der autoritär eingestellt ist, sich auch autoritär verhält, als wenn er sich hinter einer Maske der Kooperation versteckt, die seitens der Mitarbeiter oft schnell durchschaut wird.

3.2 Motivieren von Organisationen durch Kooperation

Versuche, Menschen in Organisationen zu motivieren, gibt es auf drei Ebenen, der organisationalen, der Ebene der Arbeitsteams und der bilateral individuellen Ebene zwischen Vorgesetzten und Mitarbeitern, zwischen Vorgesetzten oder zwischen Mitarbeitern untereinander.

Ein interessanter neuerer Ansatz auf der Organisationsebene heißt "Corporate Identity" (CI). Er geht von der Annahme aus, daß Menschen und Organisationen sich in *einem* gleichen:

Wer weiß, *wer* er ist, *was* er kann und *was* er will, ist meist deutlich erfolgreicher als jemand, der mit geringerem Selbstbewußtsein leise vor sich hinarbeitet.

Eine eben veröffentlichte Untersuchung zum Stand der Corporate-Identity-Politik in der Bundesrepublik Deutschland, Österreich und der Schweiz bringt "zum Ausdruck, daß sich strategisch geplante und konsequent durchgeführte Corporate-Identity-Konzepte langfristig auszahlen und in vielfältiger Hinsicht nicht so ohne weiteres vom Wettbewerber auszubügelnde Wettbewerbsvorteile bringen, ..." (Volk, 1990, S. 272).

Wie sieht dieses Konzept aus, das neben großem Imagegewinn, überdurchschnittlichen Marktanteilegewinnen u. a. eine enorme Steigerung der Mitarbeitermotivation verspricht?

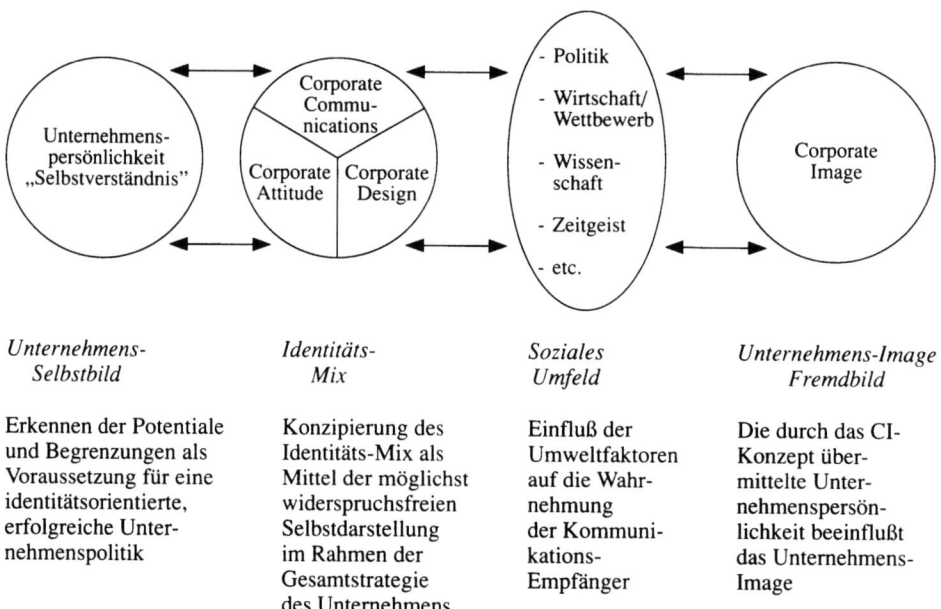

Unternehmens-Selbstbild	Identitäts-Mix	Soziales Umfeld	Unternehmens-Image Fremdbild
Erkennen der Potentiale und Begrenzungen als Voraussetzung für eine identitätsorientierte, erfolgreiche Unternehmenspolitik	Konzipierung des Identitäts-Mix als Mittel der möglichst widerspruchsfreien Selbstdarstellung im Rahmen der Gesamtstrategie des Unternehmens	Einfluß der Umweltfaktoren auf die Wahrnehmung der Kommunikations-Empfänger	Die durch das CI-Konzept übermittelte Unternehmenspersönlichkeit beeinflußt das Unternehmens-Image

Abb. 12: *Wirkungsmodell von Corporate Identity*

Die Idee liegt darin, durch eine konsistente Selbstdarstellung der Organisation ein einheitlich positives Image nach außen zu erzeugen, das gleichzeitig auf die Mitarbeiterschaft integrierend zurückwirkt. Dahinter steht der Gedanke, daß sich für eine Organisation nur solche Mitglieder einsetzen, die von den Unternehmenszielen so weit als möglich überzeugt sind. Das Wirkungsmodell von CI veranschaulicht Abbildung 12. Es beruht auf der zielgerichteten Kombination von vier Komplexen:

1. dem *Unternehmens-Selbstbild*, das sich in der Unternehmensphilosophie, Führungsgrundsätzen oder Leitlinien für die Zusammenarbeit als Grundlagen für mittel- und langfristige Produkt- und Personalentwicklungsmaßnahmen darstellt;

2. dem *Identitäts-Mix*, das die Instrumente der CI-Politik zusammenfaßt,

   a) Corporate Design
      mit Produkt-Design (Produktgestaltung, Verpackungen),
      Grafik-Design (Printmaterialien, Formulare),
      Hausfarbe, Schriftzüge, Signets usw.,

   b) Corporate Communications
      mit Werbung, Öffentlichkeitsarbeit und Verkaufsförderung,

   c) Corporate Attitude,
      dem grundsätzlichen Verhalten des Unternehmens gegenüber den Mitarbeitern, Kunden, Zulieferern, Wettbewerbern und Kapitalgebern sowie dem individuellen Verhalten jedes Organisationsmitglieds im innerbetrieblichen Umgang miteinander als auch nach außen im Umgang mit Kunden, Interessenten, Behördenvertretern;

3. dem *sozialen Umfeld*, in das die Orgnisation eingebunden ist, auf das sie einwirkt und von dem sie selbst beeinflußt wird, z.B. durch die regionalen politischen Gegebenheiten bis hin zu epochalen Veränderungen, der Wettbewerbslage, dem Personalmarkt, dem Fortgang wissenschaftlicher Erkenntnis oder dem Wandel der Wertvorstellungen in der Gesellschaft;

4. dem *Unternehmens-Image*, also der Vorstellung, die sich Kunden, Konkurrenten etc. aber auch die eigene Mitarbeiterschaft und die gesamte Öffentlichkeit von einer Organisation machen. Dem Unternehmensimage, und dies ist zu unterstreichen, kommt eine wichtige identifikationsfördernde oder aber -hindernde Orientierungsfunktion nach innen zu.

Abb. 13: *Ein Beispiel für Corporate-Identity-Politik*

Abbildung 13 zeigt ein Beispiel für ein gelungenes Element von Corporate Communications einer umfassenderen CI-Strategie eines Herstellers aus der Branche der Unterhaltungselektronik: der einfache, aber markante Schriftzug des Unternehmens mit dem B&O-Signet, dem Unternehmens-Selbstbild, jetzt wie für die Zukunft Design und Technik der Spitzenklasse zu bieten, der Hinweis auf das Corporate Image durch das Erwähnen einer Auszeichnung durch ein angesehenes neutrales Institut und schließlich ein Beispiel für die seit Jahrzehnten verfolgte Slim-Line-Produktgestaltung dieses Herstellers. All dies erreicht seine Wirkung auf Dauer jedoch nur, wenn das Produkt der Realitätsprüfung durch die Abnehmer standhält, - so sollte man meinen! Wie hartnäckig aber auch und gerade das

Image von Firmen und Produkten den Markt beeinflussen könnte, unterstrich kürzlich ein Artikel in der ADAC-Motorwelt (2/91, 18-20) unter der Überschrift "Sechs-Zylinder für den Weg nach oben". Darin wird der Audi 100, 6-Zylinder, mit dem rund 7000 DM teureren Mercedes 300 E verglichen:

"Ganz sicher ist aber auch, daß der Audi in der Summe seiner Eigenschaften nicht nur mit dem Mercedes gleichgezogen, sondern ihn in einigen Punkten sogar überholt hat. Was den Erfolg des 300E zwar nicht schmälern wird. Wir wetten nämlich, daß auch ein Audi mit ausschließlich 'sehr guten' Noten für die meisten Käufer immer ein Audi und ein Mercedes immer ein Mercedes bleiben wird. Das ist nun mal so."

Erfährt man in diesem Zusammenhang von Zuwächsen bis zu 90% positivem Imagegewinn, über 85% Steigerung der Mitarbeitermotivation, deutlich leichterem Gewinnen qualifizierten Personals und anderen Vorteilen mehr, dann lohnen sich trotz aller berechtigten Zweifel an der numerischen Höhe dieser Erfolgsmeldungen gewiß Überlegungen, dieses Konzept auch auf die eigene Organisation zumindest probeweise zu reflektieren und anzuwenden.

3.3 Motivieren von Gruppen durch Kooperation

Gruppenarbeit ist ein Grundmerkmal kooperativer Führung. Die Gruppe, das Team, ist der Ort, in Koaktion zusammenzuarbeiten, aber auch in Kompetition gegeneinander zu rivalisieren. Es kommt hier wesentlich darauf an, mit welchen Einstellungen zur Kooperation sich Vorgesetzte und Mitarbeiter zusammenfinden.

Da die Beeinflussungstechniken hier wie auf der individuellen Ebene sehr ähnlich sind, seien nur einige Instrumente genannt, die in kooperativem Sinne gehandhabt werden können, z.B. Brainstormings, Quality Circles, Bildung autonomer und teilautonomer Arbeitsgruppen sowie kooperativ geführte Dienst- und Mitarbeiterbesprechungen.

In der Gruppe wie in der Kooperation in Dyaden laufen, erklärbar nach der Reaktanztheorie von Brehm (1972), ähnliche Prozesse ab. Der Einzelne wie die Gruppe strebt demnach nach Kompetenz, Autonomie und Macht. Werden diese Motive individuell erlebter Freiheit (Kontrolle des Individuums über sich und seine Umwelt) begrenzt, empfindet die Person Reaktanz (Freiheitseinengung). Reaktanz ist ein motivationaler Zustand, der - entweder innerlich oder im Verhalten nach außen - auf Wiederherstellung dieser Freiheit zielt, z.B. durch Attraktivitätsveränderungen, Widerstand oder aggressives Verhalten. Untersuchungen zur Reaktanztheorie zeigten jedoch sehr deutlich, daß es in Gruppen dann nicht zu solchen Reaktionen kommt, wenn die Gruppenmitglieder an Entscheidungen beteiligt waren, selbst wenn diese für sie mit starken Einschränkungen verbunden waren (vgl. Frey, 1987). Hier ist wohl die Wurzel vieler positiver Effekte auf das subjektive Befinden und die erhöhte Leistungsbereitschaft des Einzelnen bei Beteiligungs-, Mitbestimmungs- und Kooperationsaktionen zu finden.

3.4 Motivieren von Individuen durch Kooperation

So wichtig gruppen- und teamorientierte Ansätze auch sein mögen, spielen gegenwärtig doch stärker individualisierte Ansätze des Motivierens durch Kooperation eine wichtige Rolle. Neben allen Gruppeneffekten ist *der einzelne Mensch* Träger seiner Wünsche, seiner Bedürfnisse, seiner Ziele, seiner Visionen. Daher drängen in neuster Zeit sogenannte VDL-Systeme in den Vordergrund: Vertical-Dyade-Linkage-Systems. Sie bringen in neuem Gewand längst bekannte pädagogische Vorstellungen individuumbezogener Persönlichkeitsbeeinflussung in die Gestaltung von Vorgesetzten-Mitarbeiterbeziehungen. Vertical Dyade Linkage heißt ja nichts anderes als: höchst individuelle Organisation der wechselseitigen Beziehungen zwischen dem Vorgesetzten und jedem seiner Mitarbeiter.

Der Vorgesetzte hat sich demnach an zweierlei zu orientieren, an den Organisationszielen und an jedem seiner Mitarbeiter. So führt er den/die Neueingestellte(n) eher personalistisch, bis diese(r) sich entsprechend auskennt und sicher fühlt, den selbstbewußten Spezialisten eher laissez-faire, einen dritten, vielleicht etwas älteren Mitarbeiter, der es schon immer so gewohnt war und sich nicht mehr umstellen möchte, freundlich autoritativ, einen eher ängstlichen, wenig selbstbewußten Mitarbeiter konstruktiv kritisch, während er wieder einen anderen öfters partizipativ um Rat fragt.

Ebensowenig wie jede Person schablonenhaft schematisch behandelt werden will und kann, lassen die Arbeitsumstände ein gleichförmiges Vorgesetztenverhalten zu. Es gibt Situationen, in denen es günstig ist, eher autoritär zu führen. Manche Situationen erzwingen geradezu direktives Eingreifen, z.B. bei hohen Mitarbeiterzahlen, akuter Gefahr oder ungewöhnlich hohem Arbeitsanfall, Führungsverhalten in Richtung laissez-faire kann sinnvoll sein bei der Übernahme einer neuen Führungsposition solange, bis man die psychosozialen Zusammenhänge in der Mitarbeiterschaft einigermaßen kennt, und die Gefahr vermindert ist, mit den Mitarbeitern zu schnell zu koalieren, die sich am besten ins rechte Licht zu setzen wissen.

Bereits in Abbildung 1 haben wir das Kontinuum klassischer Führungsstile nach Tannenbaum und Schmidt (1973) kennengelernt. Sie empfehlen, Führungskräfte nicht an einem bestimmten Punkt dieser Skala zu fixieren. Vielmehr gelte es, ihnen zu vermitteln, daß diese Skala gleichsam eine Klaviatur von Verhaltensmöglichkeiten darstellt, auf der ein Vorgesetzter geschickt spielen lernen muß, indem er die individuellen Besonderheiten der Mitarbeiter, die Besonderheiten der zu erbringenden Arbeitsleistung und den situativen Kontext, in dem sich Arbeit im konkreten Fall vollzieht, in seine Interaktionen einbezieht.

In diesem Sinne haben Redlich und Schley 1981 in der Pädagogischen Psychologie ein Modell kooperativer Verhaltensmodifikation entwickelt. Dieses Modell wurde von uns für die Führungspraxis in Wirtschaft und Verwaltung adaptiert.

4. Verhaltensmodifikation am Arbeitsplatz

Verhaltensmodifikation (VM) ist ein System von Methoden zu einer zielgerichteten, planvollen Verhaltensbeeinflussung. Es ist ein Führungsinstrument, das dem Abbau unerwünschten wie dem Aufbau erwünschten Verhaltens in der Arbeitsumwelt der Mitarbeiter dient. Die Variante der *kooperativen Verhaltensmodifikation* ist ein umfassendes Konzept zur Verhaltensbeeinflussung, das der Selbststeuerung und der Selbstentwicklung der Mitarbeiter breiteren Raum gibt, als dies bei den Fremdeinwirkungskonzepten behavioristischer Provenienz möglich ist. Neben der lerntheoretischen Grundposition steht die handlungstheoretische Orientierung der Verhaltensmodifikation und ihre Einbettung in elementare Wertorientierungen der Humanistischen Psychologie (Liebel 1983, 1984, 1991).

Sie besteht aus vier Bausteinen, nämlich Elementen der klassischen Verhaltensmodifikation, einem Selbstbewertungskonzept, einem Kooperationsmodell, das die Zusammenarbeit zwischen Unternehmen und externen Beratungseinrichtungen regelt und hier außer acht bleiben kann, und einer Handlungsstrategie.

4.1 Klassische Verhaltensmodifikation

Die Prinzipien des *Operanten* oder *Instrumentellen Lernens* geben die Bedingungen an, unter denen wir bestimmte Verhaltensweisen aus unserem Verhaltensrepertoire auswählen und zeigen. Dies sind in der Regel solche, die mit hoher Wahrscheinlichkeit ein von uns gewünschtes Ergebnis hervorrufen oder eine unerwünschte Konsequenz verhindern.

Unter Zuhilfenahme der Prinzipien des Operanten Lernens kann man nicht nur verstehen, wie bestimmte Verhaltensweisen entstanden sind (*diagnostischer Aspekt*), sondern man kann auch Verhaltensänderungen gezielt in die Wege leiten (*Interventionsaspekt*).

Lernen im Sinne von Verhaltensänderung, aber auch Neuerwerb von Verhaltensweisen, geschieht meistens durch das Beobachten anderer. Ob jemand zum "*Modell*" wird, von dem gelernt wird, hängt von einer Reihe von Bedingungen ab: Das Modell muß mit seinem Verhalten Erfolg haben; das Modellverhalten muß für den Beobachter durchführbar sein, das heißt, er muß über die erforderlichen körperlichen oder geistigen Fähigkeiten verfügen; das Modell muß für den Beobachter sympathisch (attraktiv) sein; es darf von ihm selbst nicht allzusehr verschieden sein; je mehr Ansehen das Modell in seiner sozialen Umgebung genießt, desto eher werden seine Verhaltensweisen übernommen.

Die meisten Interventionstechniken, die aus diesen Lernprinzipien abgeleitet wurden, basieren auf der für den Lebensalltag sinnvollen Kombination von operantem und Modelllernen.

4.2 Das Selbstbewertungskonzept

Die klassische VM setzt fast ausschließlich Fremdsteuerungsmethoden ein; der zu Beeinflussende verharrt in einer weitgehend passiven Rolle.

Die kooperative VM dagegen gibt Informationen darüber, wie man sein eigenes und das Sozialverhalten der anderen wirksamer steuern kann, indem man sich Ziele setzt und sein Zielverhalten selbst bewertet. Damit es nicht zu unrealistischen Selbstbewertungen kommt, bedarf es außer der Fähigkeit, sich selbst für sein Handeln verstärken zu können, der Kenntnis derjenigen Verhaltensweisen, die tatsächlich zum gesteckten Ziel hinführen. Die Fähigkeit zu realitätsgerechter Selbstbewertung kann gelernt und trainiert werden. Deshalb ist die Auswertung der eigenen Verhaltensweisen im Hinblick auf die gesetzten Ziele ein sehr wichtiges Element der kooperativen Verhaltensmodifikation.

Der Selbstbewertungsprozeß umfaßt die in Abbildung 14 wiedergegebenen fünf Schritte in zeitlicher Aufeinanderfolge.

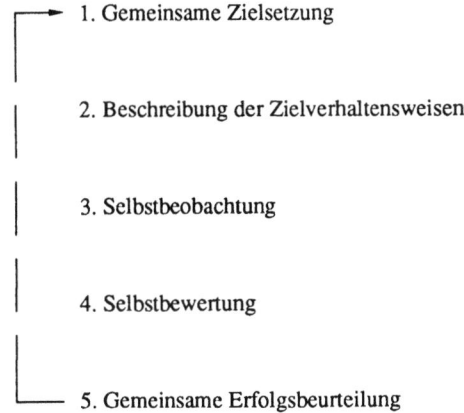

1. Gemeinsame Zielsetzung

2. Beschreibung der Zielverhaltensweisen

3. Selbstbeobachtung

4. Selbstbewertung

5. Gemeinsame Erfolgsbeurteilung

Abb. 14: *Der Prozeß der Selbstbewertung*

Selbstbewertung ist nur möglich, wenn es Maßstäbe oder Kriterien dafür gibt. Man braucht also konkret beschriebene Ziele, die vom Vorgesetzten, der beeinflussen will, und seinen Mitarbeitern gemeinsam festzulegen sind. Dabei kann es sich sowohl um arbeits- oder auch um persönliche Ziele handeln.

Als nächstes ist zu überlegen, welche Verhaltensweisen der Zielerreichung förderlich sind und welche sie eher behindern. So kann sich beispielsweise ein Mitarbeiter mit dem Wunsch, in seiner Arbeitsgruppe als Fachmann und Mensch integriert und akzeptiert zu werden, nur dann realistisch selbst bewerten, wenn er weiß, daß kooperatives, solidarisches und rücksichtsvolles Verhalten dort hinführt, während aggressives, konkurrierendes und angeberisches Verhalten ihm nur Ablehnung bringt.

Ist der Mitarbeiter in der Lage, sich Ziele zu setzen, weiß er, welche Verhaltensweisen zum Ziel führen, kann er sein Verhalten genau beschreiben, dann ist er auch imstande, das realisierte Verhalten mit dem Zielverhalten zu vergleichen und positiv oder kritisch selbst zu bewerten. Durch positive Bewertung wird es stabilisiert, bei negativer Bewertung muß er sein Verhalten korrigieren.

Der letzte Schritt ist die abschließende gemeinsame Erfolgsbeurteilung z.B. in Form eines Mitarbeitergesprächs zwischen Vorgesetztem und Mitarbeiter. Ist das gesetzte Ziel erreicht, festigt sich der kognitive Zusammenhang zwischen dem Zielverhalten und dem Ergebnis. Ist das Ziel nicht oder nur teilweise erreicht, wird nach den wahrscheinlichen Ursachen gesucht, dann die Zielsetzung entweder revidiert, und der Prozeß beginnt von vorne, oder aber das Ziel wird als nicht erreichbar aufgegeben.

4.3 Die Handlungsstrategie

Der Handlungsleitfaden wie er in Abbildung 15 wiedergegeben ist, enthält die einzelnen Handlungsschritte der kooperativen VM in ihrem Ablauf. Er gliedert sich in drei Hauptphasen,

- die Diagnose des sozialen Verhaltens,

- die Planung der Intervention und

- die Durchführung des Interventionsplans.

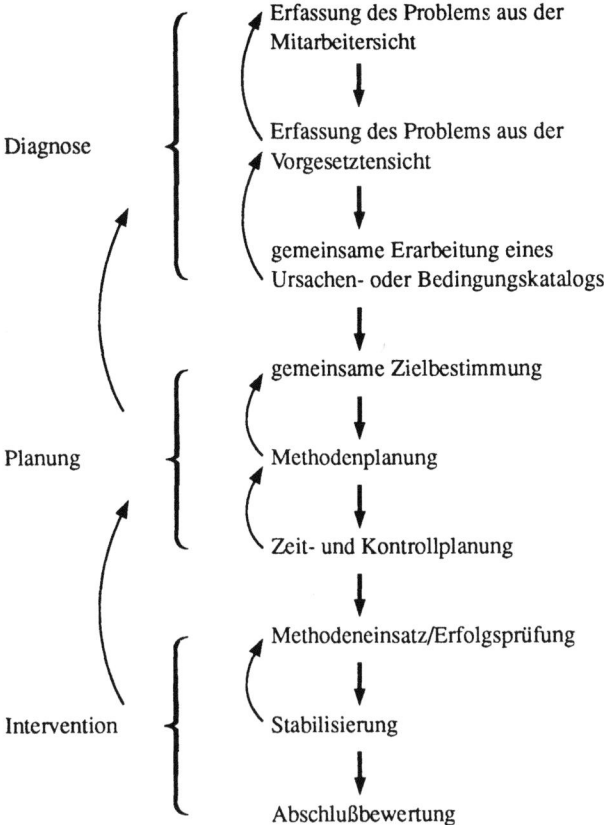

Abb. 15: *Die Handlungsstrategie der kooperativen VM*

Jede der Hauptphasen besteht aus drei Teilphasen, die in der durch senkrechte Pfeile ge-kennzeichneten Reihenfolge ablaufen. Die rückgewendeten Pfeile deuten die Korrektur-möglichkeiten vorausgegangener Schritte an, die nicht zum gewünschten Erfolg geführt haben.

Die Handlungsstrategie ist nicht als starres Korsett mißzuverstehen, bei dem ein Schritt auf den anderen zwingend folgen müßte. Vielmehr soll sie dem, der eine Intervention plant, gleichsam als Fahrplan zur Kontrolle des eigenen Handelns dienen. In der konkreten Beratungs- oder Beeinflussungssituation gehen die einzelnen Phasen oft unmerklich ineinander über. So kann die Analyse eines Konflikts, also ein diagnostischer Prozeß, bereits ein Stück Intervention sein, als neue Einsichten in die Bedingungszusammenhänge sich auch ohne Planungsphase unmittelbar einstellungs- und verhaltensändernd auswirken können.

Auch wenn das gemeinsame Handeln zunächst nach dem vorgegebenen Aufbau der Abbildung 14 abläuft, stellt man häufig erst in der Interventionsphase Lücken und Mängel bei der zurückliegenden Diagnose und Planung fest, die nachträglich korrigiert werden müssen. Weitere Flexibilitäten liegen in der gelegentlich erforderlichen Erweiterung, so z.B., wenn mehr als zwei Parteien an einem Problem beteiligt sind. In solchen Fällen sind in der Diagnosephase weitere "Sichten" einzubauen, etwa die der Unternehmens- oder Verwaltungsspitze oder die der Personalvertretung.

Die kooperative VM ist ein breitbandiges Verfahren, das den Vorgesetzten aller Ebenen eine Vorgehensleitlinie zur Führung ihrer Mitarbeiter geben kann. Der Schwerpunkt liegt dabei eindeutig auf der Handlungsstrategie. Diese Strategie kann bei allen Formen von Mitarbeitergesprächen, seien es Fach-, Kritik- und Beurteilungsgespräche oder Gespräche über persönliche Probleme der Mitarbeiter, eingesetzt werden. Darüber hinaus gibt die kooperative VM Anhaltspunkte über den Aufbau erwünschter und den Abbau unerwünschter arbeitsbezogener wie auch sozialer Verhaltensweisen durch den gezielten Einsatz von Verstärkern und durch die Modellwirkungen, die vom Vorgesetzten ausgehen. So ist kooperative VM als Führungsmittel überall dort einsetzbar, wo Vorgesetzte gezielt und systematisch Einfluß nehmen wollen oder müssen.

5. Konsequenzen für das eigene Handeln

Welche Konsequenzen für das Handeln als Führungskräfte lassen sich aus alledem ableiten? - Zumindest folgende Auswahl von Verhaltensempfehlungen für Vorgesetzte lassen sich organisationspsychologisch begründen:

A. Zur Motivation der Mitarbeiter

1. Möglichst häufig positive Rückkoppelung geben!

2. Leistungsvergleiche innerhalb der Gruppe vermeiden!

3. Keine Charaktereigenschaften, sondern Verhalten und Leistung bestätigen!

4. Leistungen und Verhaltensweisen nicht pauschal, sondern genau und konkret bestätigen!

5. Keine Vollkommenheit erwarten, sondern bereits richtige Ansätze oder Teilerfolge bestätigen!

6. Nicht nur ein Urteil abgeben, sondern den Mitarbeitern die positiven Auswirkungen mitteilen und sie an dem so erzielten Erfolg teilhaben lassen!

7. Durch Bestätigung die Selbständigkeit der Mitarbeiter fördern!

B. Für Mitarbeiterbesprechungen

1. Der/die Vorgesetzte sorgt für ausreichende Vorinformation seiner Mitarbeiter.

2. Er/Sie stellt einen wohlwollend-sachlichen Kontakt zu den Mitarbeitern her.

3. Er/Sie stellt seine/ihre Meinung nicht voran.

4. Er/Sie motiviert die Mitarbeiter, eigene Vorschläge zu machen.

5. Er/Sie sorgt dafür, daß alle Teilnehmer zu Wort kommen.

6. Er/Sie verhindert, daß jemand in eine für ihn persönlich unangenehme Lage gebracht wird.

7. Lehnt er/sie eine Abstimmung mit Mehrheitsbeschlüssen ab, begründet er/sie diese Haltung.

8. Kann er/sie Argumenten seiner/ihrer Mitarbeiter(innen) nicht folgen, erläutert er/sie seine/ihre Meinung.

9. Trifft er/sie eine Entscheidung, teilt er/sie sie allen Teilnehmern gleichzeitig mit und begründet sie.

C. Zur Kritik und Korrektur falschen Verhaltens

1. Kontrolle nicht als Jagd auf Fehler mißverstehen!

2. Kritik nicht aufschieben, der Anlaß muß aktuell sein!

3. Schon bei der Eröffnung des Gesprächs die weitere Kooperationsbereitschaft deutlich machen!

4. Persönliche Angriffe, Anspielungen auf Charaktereigenschaften oder Le-

bensumstände vermeiden!

5. Kritik und Korrektur nur auf ein konkretes Verhalten oder eine Leistung beziehen!

6. Die Feststellung von Ergebnissen, Zuständen oder Vorgängen nicht mit Mutmaßungen über ihre Ursachen vermengen!

Kooperation ist ein wichtiges Element des Motivierens, verabsolutiert aber eine Illusion.

Kooperation als eine Form des Miteinander-Umgehens reicht nicht aus. Als Hygienefaktor (nach Herzberg, 1959) kann sie nur Unzufriedenheit vermindern. Zufriedenheit *und* Leistung steigern wir nur, wenn wir unseren Mitarbeitern Gelegenheit geben, ihre fachliche Kompetenz zu erhöhen, wenn wir ihnen Aufstieg ermöglichen, Freiheiten zur selbständigen Strukturierung der Arbeit schaffen und mehr Verantwortung zulassen.

Hierbei ist es wichtig nach schlüssigen Konzepten der individuellen Mitarbeiterorientierung bei gleichzeitiger Orientierung an den Organisationszielen vorzugehen.

Der erfolgreiche Manager der nächsten Jahre wird nicht der "Macher" und "Organisator" der 70er und 80er Jahre sein, sondern der, der sich gleichwertig an folgenden drei Handlungskonzepten orientiert:

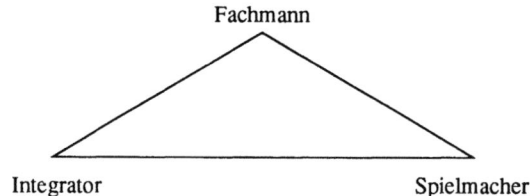

nach Köhne 1989, S. 370

Abb. 16: *Gleichwertige Handlungskonzepte des Managers*

Und was ist nach alledem aus der Definition von Führung geworden? -

"Führen heißt:
Jemanden dazu zu bringen,
das zu tun, was man will,
wie man will und wann man will,
weil er es selbst will."

160

Eine extrem autoritäre Definition, wenn wir sie so lesen:

"Autoritär führen heißt:

Jedermann dazu zu bringen, genau das zu tun, was ich will, genau so, wie ich es haben will, nur zu dem Zeitpunkt, den ich vorschreibe, weil er selbst es zu wollen glaubt, ohne dabei zu bemerken, wie ich ihn manipuliert habe."

Können wir diese Definition auch verstehen im Sinne der "Motivation durch Kooperation"? - Dann müßten wir sie allerdings so lesen:

"Kooperativ führen und motivieren heißt:

Jemanden dazu zu bringen, das zu tun, was man gemeinsam, an Organisations- und eigenen Zielen orientiert, für sinnvoll und richtig erkannt hat, nach einer gemeinsam festgelegten Strategie, zu den für günstig befundenen Zeitpunkten, weil alle, nach Durcharbeit von Informationen, nach Austausch von Argumenten und akzeptierter Verteilung der Aufgaben davon überzeugt sind, zur gemeinsamen guten Sache beizutragen!"

- Wirklich eine Illusion? -

Literaturverzeichnis

Allport, G.W., The Historical Background of Modern Social Psychology, in: G. Lindzey (Hrsg.), Handbook of Social Psychology, Vol. 1, Cambridge/Mass. 1954, S. 3-56

Blake, R.R./Mouton, J.S., The Managerial Grid, Houston 1964

Blake, R.R./Mouton, J.S., Verhaltenspsychologie im Betrieb, Düsseldorf 1968

Bowers, D.G./Seashore, S.E., Predicting Organizational Effectiveness with a Four-Factor Theory of Leadership, in: Administrative Science Quarterly 1966, 11, S. 238-263

Brehm, J.W., Responses to loss of Freedom. A Theory of Psychological Reactance, Morristown 1972

England, G.W., The Manager and his Values: An international Perspective, Cambridge 1975

Evans, M.G., Effects of Supervisory Behavior, Extensions of Path-Goal Theory of Motivations, in: Journal of Applied Psychology 1974, 59, S. 172-178

Fein, M., Motivation for Work, in: R. Dublin (Ed.), Handbook of Work, Organization and Society, Chicago 1976, S. 465-530

Fiedler, F.E., The Contingency Model, New Directions for Leadership Utilization, in: Journal of Contemporary Business 1974, 3, S. 65-80

Fittkau-Garthe, H./Fittkau, B., Fragebogen zur Vorgesetzten-Verhaltens-Beschreibung (FVVB), Göttingen 1971

Fleishman, E.A., The Description of Supervisory Behavior, in: Journal of Applied Psychology 1953, 37, S. 1-6

Fraisse, P./Piaget, J. (Hrsg.), Traité de Psychologie Expérimentale, Paris 1969

Frey, D. (Hrsg.), Kognitive Theorien der Sozialpsychologie, Bern 1978, 2. Aufl. 1987

Gabele, E. et al., Werte von Führungskräften der deutschen Wirtschaft, München 1977

Gabele, E./Liebel, H.J./Oechsler, W.A. (Hrsg.), Führungsgrundsätze und Führungsmodelle, Bamberg 1982, 2. Aufl. 1984

Gaugler, E./Weber, W. (Hrsg.), Handwörterbuch des Personalwesens, Stuttgart, 2. Aufl. 1991

Haire, M./Ghiselli, E./Porter, L., Managerial Thinking, New York 1968

Heider, F., The Psychology of Interpersonal Relations, New York 1958, Psychologie der interpersonalen Beziehungen, Stuttgart 1977

Herzberg, F.H. et al., The Motivation to Work, New York 1959

House, R.J., A Path-Goal Theory of Leadership Effectiveness, in: Administrative Science Quarterly 1971, 16, S. 321-338

Köhne, F., Mitarbeiterführung, in: H. Strutz (Hrsg.), Handbuch Personalmarketing, Wiesbaden 1989, S. 365-376

Köhne, R., Das Selbstbild deutscher Unternehmer, Berlin 1976

Lewin, K./Lippitt, R.A./White, R.K., Patterns of Aggressive Behavior in Experimentally Created "Social Climates", in: Journal of Social Psychology 1939, 10, S. 271-299

Liebel, H.J., Führungspsychologie, Göttingen 1978

Liebel, H.J., Verhaltensbeeinflussung in der Arbeitswelt, in: E. Gabele/H.J. Liebel/W.A. Oechsler (Hrsg.), Führungsgrundsätze und Führungsmodelle, Bamberg 1984, S. 67-120

Liebel, H.J., Verhaltensmodifikation, in: E. Gaugler/W. Weber (Hrsg.), Handwörterbuch des Personalwesens, Stuttgart, 2. Aufl. 1991

Liebel, H.J./Ziegler, G., Organisationspsychologische Beratung, Bamberg 1983

Likert, R., New Patterns of Management, New York 1961

Lindzey, G. (Hrsg.), Handbook of Social Psychology, Vol. 1, Cambridge/Mass. 1954

Maslow, A.H., Motivation and Personality, Princeton, 2nd ed. 1970

McGregor, D., Der Mensch im Unternehmen, Düsseldorf/Wien 1970, (engl. 1960)

Meyer, H./Liebel, H.J., Versuche zur Messung von Vorgesetztenverhalten - Eine statistische Methodenstudie, in: H.J. Liebel, Führungspsychologie, Göttingen 1978, S. 136-154

Miles, R.E., Theories of Management, New York 1975

Morel, J./Meleghy, T./Preglau, M. (Hrsg.), Führungsforschung, Göttingen 1980

Redlich, A./Schley, W., Kooperative Verhaltensmodifikation im Unterricht, München 1981

Roth, E., Der Werteinstellungs-Test, Bern 1972

Spranger, E., Lebensformen, Halle 1921

Stogdill, R.M., Handbook of Leadership, New York 1974

Stogdill, R.M./Coons, A.E. (Hrsg.), Leader Behavior: Its Description and Measurement, in: Research Monograph No. 88, Bureau of Business Research, The Ohio State University, Columbus/Ohio 1957

Strutz, H. (Hrsg.), Handbuch Personalmarketing, Wiesbaden 1989

Tannenbaum, R./Schmidt, W.H., How to Chose a Leadership Pattern, in: Harvard Business Review 1973, 51, S. 162-180

Titscher, E., Meßtheoretische Probleme bei der Erfassung des Vorgesetztenverhaltens mit Hilfe von Fragebögen, in: J. Morel/T. Meleghy/M. Preglau (Hrsg.), Führungsforschung, Göttingen 1980, S. 120-132

Volk, H., Schwer, aber erfolgreich: C.I. Arbeit am Charakter, Der Arbeitgeber 1990, 42, S. 272-274

Vroom, V.H., Work and Motivation, New York 1964

Weinert, A.B., Lehrbuch der Organisationspsychologie, München 1981, 2. Aufl. 1987

Wilpert, B., Führung in deutschen Unternehmen, Berlin 1977

Wunderer, R./Grunwald, W., Führungslehre, 2 Bände, Berlin/New York 1980

Glossarium wichtiger Begriffe

Betriebswirtschaftliche
Führungsforschung

Betriebswirtschaftliche Führungsforschung setzt sich vorwiegend empirisch mit den Reaktionsweisen des Menschen in "Führer-Geführten-Beziehungen" auseinander und entwickelt so grundlegende Forschungsansätze zur Personalführung in Unternehmen. Auf der Basis der verschiedenen empirischen Befunde der Führungsforschung ist eine Management- und Führungslehre entstanden, die den Erfolg von Organisationen u.a. als ein Erreichen von Leistungs- und Mitarbeiterzielen mit einem bestimmten Mitteleinsatz zu erklären versucht.

Consideration
oder *C-Führungsstil*

Der Vorgesetzte versucht primär die Erwartungen, Gefühle und Bedürfnisse seiner Mitarbeiter zu erkennen und in seinem Verhalten zu berücksichtigen (→ *Personorientierung*).

Controlling

Informationsversorgendes System der Unternehmensführung zur Planung und Kontrolle, zur Koordination und Überwachung dezentral operierender organisatorischer Einheiten und zur Entwicklung und Bewertung von Entscheidungsalternativen in den einzelnen betrieblichen Funktionsbereichen.

Corporate Identity-
Konzepte

Versuche von Organisationen durch eine konsistente Selbstdarstellung ein einheitlich positives Image nach außen zu erzeugen, das gleichzeitig auf die Mitarbeiterschaft integrierend zurückwirkt. Neben großem Imagegewinn verspricht es signifikante Vergrößerungen von Marktanteilen und eine beträchtliche Steigerung der Mitarbeitermotivation.

Eigenschaftstheoretischer
Ansatz

Ein Konzept zur Beschreibung von Führungsverhalten, das bestimmte Eigenschaften oder Persönlichkeitsmerkmale postuliert, in denen sich erfolgreiche von weniger erfolgreichen Vorgesetzten unterscheiden.

Empirisch-deskriptive
Führungsforschung

Forschungsstrategie, deren Erkenntnisziel die in einer Gesellschaft vorherrschenden und gelebten Werte sind. Im Vordergrund steht zunächst das Identifizieren grundsätzlicher Werthaltungsmuster mittels Methoden der empirischen Sozialforschung. Die Auswertung des gewonnenen Datenmaterials soll nicht im Sinne philosophischer Tradition zur Hinterfragung der aufgezeigten Wertsysteme ("Normenkontrolle") führen, sondern z.B. Veränderungen der Werthaltungen im Zeitablauf dokumentieren und interpretieren.

Ethik

s. Moral

evolutionstheoretischer Ansatz in der Organisationstheorie	Makrotheoretischer Ansatz innerhalb der Organisationstheorie, der in verschiedenen Varianten die Abhängigkeit der Organisationen von den externen Umweltressourcen behandelt. Der sog. Population Ecology-Ansatz überträgt das biologische Prinzip der natürlichen Selektion auf Organisationen, indem er nur die Organisationscharakteristika für "überlebensfähig" hält, die am besten mit der Umwelt vereinbar sind ("Fit").
Führer	Dasjenige Gruppenmitglied, von dem aufgrund seiner Position in der Weisungshierarchie oder seiner Kompetenz die meisten Impulse für die Erreichung der Gruppenziele ausgehen. Seine wesentlichen Aufgaben bestehen im Ideenliefern, Planen, Entscheiden, Motivieren, Koordinieren und Kontrollieren.
Führung	Der Versuch, in Zusammenarbeit mit anderen vorgegebene oder vereinbarte Ziele zu erreichen.
Führungsstile	Beständige Verhaltenstendenzen, die ein Vorgesetzter relativ unabhängig von der jeweiligen Situation zeigt. Als "klassisch" gelten die Führungsstile "autoritär", "demokratisch" und "laissez-faire" (→ *Führungsverhalten*).
Führungsverhalten	Aktuelle und stark situationsabhängige Handlungen, die durchaus im Widerspruch zu dem üblicherweise bei einem Vorgesetzten zu erwartenden Verhalten (→ *Führungsstil*) stehen können.
Gruppen- und Teamfähigkeit	Sammelbegriff für interpersonelle Fähigkeiten von Organisationsmitgliedern, bei denen es vor allem darum geht, die Vorteile von arbeitsteiligen Gruppenprozessen durch gruppendienliche Handlungen zu nutzen. Derartige Beiträge müssen u.a. folgenden Kriterien genügen: Vertrauen zu anderen Gruppenmitgliedern, Bereitschaft zur Übernahme von Gruppenentscheidungen, produktive Austragung von Konflikten in der Gruppe und deren Bewältigung.
Harzburger Führungsmodell	Ein auf der → *Management by Delegation*-Konzeption beruhendes Modell der Organisation und Führung, das unter der Abwendung von der autoritär-patriarchalischen Führungsweise die sog. "Führung im Mitarbeiter-Verhältnis" durch genaue Festlegung von Verantwortungs- und Kooperationsbereichen gestaltet. Kernstück ist die Delegation von Verantwortung, für die Sachaufgaben seines Aufgabenbereiches trägt der Mitarbeiter die sog. Handlungsverantwortung, während dem Vorgesetzten die sog. Führungsverantwortung, d.h. Dienstaufsichts- und Erfolgskontrolle, übertragen bleibt. Wesentliche Instrumente zur Abgrenzung der einzelnen Verantwortungsbereiche sind die Stellenbeschreibung und die sog. Allgemeine Führungsanweisung.

Human Capital	Bewertung des aus qualifizierten Arbeitskräften bestehenden Arbeitskräftepotentiales einer Unternehmung oder der Gesamtwirtschaft. Der Begriff Human Capital ist darauf zurückzuführen, daß zur Ausbildung allgemeiner und betriebsspezifischer Kenntnisse und Fähigkeiten finanzielle Aufwendungen notwendig sind, d.h. Investitionen in das Humankapital vorgenommen werden.
Initiating Structure oder *IS-Führungsstil*	Der Vorgesetzte richtet sich in seinen Entscheidungen und Maßnahmen primär am Kriterium der Erreichung der Arbeitsziele aus (→ *Leistungsorientierung*).ʳ
Interaktionsansätze	Ansätze, welche die Komplexität des Führungsprozesses ernst zu nehmen versuchen und auch Wechselwirkungen zwischen Personen, Personen und Arbeitsaufgaben sowie Personen und Aspekten der Organisation berücksichtigen. Auch Einflüsse, die von den Mitarbeitern auf die Vorgesetzten ausgehen, werden besonders beachtet.
Interessenmonismus (-pluralismus)	Interessenmonismus beschreibt einen einseitigen Entscheidungsfindungsprozeß der Unternehmensleitung, in dem die Interessen der weiteren am Unternehmensgeschehen beteiligten Gruppen nicht berücksichtigt werden. Demgegenüber verfolgt ein interessenpluralistisches Durchsetzungskonzept die weitgehende Partizipation dieser Gruppen und strebt letztendlich einen Interessenausgleich an.
Konsistenztheorie	Zur sog. → *Kontingenztheorie* komplementärer Ansatz in der Organisationstheorie, nach dem nicht ein "Fit" mit Umweltbedingungen, sondern die interne Konsistenz der einzelnen organisatorischen Strukturvariablen für die Effizienz einer Organisation entscheidend ist. Gemäß diesem Ansatz wird postuliert, daß es Unternehmen gelingen kann, mit bestimmten Organisationsmodellen und Führungssystemen unabhängig von wechselnden Anforderungen der Umwelt erfolgreich zu sein. Es besteht ein enger Bezug zu Konzepten der Unternehmenskultur, wenn diese als Mittel zur Stabilisierung und Verstetigung von Organisationssystemen in dynamischen Umwelten gedeutet werden.
Kontingenztheorie	Bis in jüngste Zeit einflußreichster Ansatz in der Organisationstheorie, auch als situativer Ansatz bezeichnet. In empirischen Forschungsarbeiten wurden Umwelt-Determinanten identifiziert, auf die mit einer adäquaten Gestaltung des betrieblichen Leistungsprozesses und des Organisationsmodelles reagiert werden muß, wenn die Organisation effizient sein soll. Auf sich verändernde Umweltsituationen muß mit einer entsprechenden organisatorischen Variante reagiert werden, um ein optimales "Fit" zwischen Umwelt und Organisation zu gewährleisten.

Kooperative Führung	Zielorientierte soziale Einflußnahme zur Erfüllung gemeinsamer Aufgaben in/mit einer strukturierten Arbeitssituation unter wechselseitiger tendenziell symmetrischer Einflußausübung und konsensfähiger Gestaltung der Arbeits- und Sozialbeziehungen.
Kooperative Verhaltens-modifikation	Umfassendes Konzept zur Verhaltensbeeinflussung, das der Selbststeuerung und der Selbstentwicklung der Mitarbeiter breiteren Raum gibt, als dies bei den Fremdeinwirkungskonzepten behavioristischer Provenienz möglich ist. Neben der lerntheoretischen Grundposition steht die handlungstheoretische Orientierung und die Einbettung der kooperativen Verhaltensmodifikation in elementare Wertorientierungen der Humanistischen Psychologie (→ *Verhaltensmodifikation*).
Leistungsorientierung	Die Führungsdimension, bei der der Vorgesetzte primär Wert auf eine einwandfreie Erledigung der Arbeit legt und die Einhaltung von Vorschriften und Dienstanweisungen genau kontrolliert (→ *Initiating Structure*).
Management by Commitments	Element des Führungssystems, das die Einhaltung von Zielen und Verhaltenserwartungen vorsieht. Die Verpflichtung z.B. auf einen Leistungsplan erfolgt in einem Führungsgespräch, die Realisierung geht in die Leistungsbeurteilung mit ein.
Management by Delegation	Management by Delegation sieht die vertikale Dezentralisierung von Entscheidungskompetenzen für einzelne Stelleninhaber vor. Innerhalb des festgelegten Aufgaben- und Verantwortungsbereiches trägt der Stelleninhaber eigene Verantwortung für Durchführungsentscheidungen.
Management by Exception	Management by Exception legt Regeln für die Arbeitsteilung zwischen Vorgesetzten und Mitarbeitern fest. Der Vorgesetzte überträgt die mit der Zielerfüllung verbundenen Entscheidungen weitgehend an die Untergebenen. Nur in zuvor festgelegten "Ausnahmesituationen", z.B. bei der Überschreitung eines festgelegten Budgets, soll der Vorgesetzte eingreifen. Im Rahmen der Leistungsbeurteilung ist deshalb zu klären, wer derartige Ausnahmefälle zu vertreten hat.
Management by Objectives (MbO)	Umfassendes Führungskonzept, das folgende Grundgedanken vereinigt: Ableitung von Zielen für die Mitarbeiter aus den Unternehmenszielen, Zielorientierung statt Verfahrensorientierung, Partizipation der Untergebenen bei der Zielvereinbarung, Leistungskontrolle und -beurteilung anhand von Soll-Ist-Vergleichen, regelmäßige Zielüberpüfung und -anpassung. MbO bezieht sich auf das Informationssystem, wenn für Zielbildung und -kontrolle Informationen aus dem internen Rechnungswesen verwendet werden.

Matrixorganisation (mehrdimensionales Organisationsmodell)	Organisationsmodell mit mehreren Differenzierungskriterien, z.B. Funktionen und Produktsparten. In den einzelnen Organisationseinheiten einer zweidimensionalen Matrixorganisation stehen sich zwei Leitungsebenen gleichberechtigt gegenüber, um damit zu einem leistungssteigernden Wettbewerb zwischen Funktions- und Spartenmanagern zu gelangen.
Mikropolitischer Ansatz in der Organisationstheorie	Der mikropolitische Ansatz behandelt Organisationen als "Arenen" der Austragung von Machtkämpfen und Interessenkonflikten. Mikropolitik bezeichnet hierbei den Versuch von Organisationsmitgliedern, durch Koalititionsbildung in der und gegen die Organisation sowie mittels informeller Beziehungen die eigenen partikularistischen Ziele zu erreichen. Organisationen folgen in dieser Perspektive daher nicht mehr einem in sich konsistenten Zielsystem, sondern den verschiedenen Zielbildungen von wechselnden Koalitionen.
Moral	System von Normen, das die innere Willensbildung der Menschen steuert und durch soziale Sanktionen gestützt wird.
Motiv	Eine angeborene oder erworbene Handlungsbereitschaft in konkret gegebenen Situationen. Synonyme sind z.B. konkrete Bedürfnisse, Werte, Wünsche, Erwartungen und Verhaltensbereitschaften.
Motivation	Eine Funktion der multiplikativen Verknüpfung von einem oder mehreren konkreten Motiven mit der subjektiven Einschätzung, diese durch eine bestimmte Handlung erfolgreich befrieden zu können, und der persönlichen Bedeutsamkeit, die das Handlungsergebnis im Wertesystem des Individuums besitzt: $M = f (Motiv (e)^x P_{Erfolgserwartung}^x Wert)$.
Organisationsentwicklung	Ist ein Prozeß, der auf die Änderungen der Handlungsweisen von Personen in Unternehmen gerichtet ist. Als geplante koordinierte Veränderungen sollen Organisationsentwicklungsprozesse u.a. zu einer Erhöhung der Effektivität der Organisation und einer Verbesserung der Arbeitsqualität beitragen.
Ökonomisierung	Mit Ökonomisierung wird eine Betrachtungsweise gekennzeichnet, die alle Erscheinungsformen des gesellschaftlichen Lebens ausschließlich vom Standpunkt des rational Wirtschaftlichen und der materiellen Produktivität beurteilt.
Personorientierung	Die Führungsdimension, bei der der Vorgesetzte sich besonders um die menschlichen Probleme seiner Mitarbeiter kümmert und ihnen bei der Durchführung der Arbeit weitgehend freie Hand läßt (→ *Consideration*).

Portfolio-Methode	Ist ein Verfahren der strategischen Analyse, mit dem die gegenwärtige Marktposition z.B. eines Produktes sowie dessen Entwicklungsmöglichkeiten untersucht und visualisiert werden können. Daneben eignet sich die Portfolio-Methode als Heuristik zur Gewinnung von Strategien, mit deren Hilfe das Management eines Unternehmens entscheiden kann, welche Produktlinie ausgebaut, welche erhalten und welche abgebaut werden soll.
Post-Materialismus	Oberbegriff für eine vornehmlich in Industriegesellschaften mit wachsendem Wohlstand auftretende Wertorientierung, die nicht im Streben nach materiellen Gütern und dem eigenen Nutzen das vorzügliche Ideal des Menschen sieht (Materialismus), sondern mit der Besinnung auf geistige und ideelle Werte die eigene Selbstverwirklichung und damit das lebensweltliche Sein des Menschen in den Vordergrund rückt.
Produktpolitik	Produktpolitik ist die Gesamtheit aller Entscheidungen, die das Leistungsangebot eines Unternehmens betreffen. Die Produktpolitik erstreckt sich auf die Gestaltung der Produktbeschaffenheit und der Verpackung, die Markenbildung sowie auf die Wahl des Produktionsprogrammes (Industrie) bzw. Sortiments (Handel), die Gewährung von Garantie und die Erbringung von Kundendienstleistungen.
Projektorganisation	Organisationsmodell, das für die Dauer von bestimmten Projekten Organisationsmitglieder aus der stabilen organisatorischen Grundstruktur herauslöst. Die Projektorganisation tritt in verschiedenen Formen auf: Die sog. Projektkoordination sieht vor, daß Mitarbeiter verschiedener Organisationsbereiche bestimmte Aufgaben neben ihrer normalen Tätigkeit lösen. Bei der sog. reinen Projektorganisation arbeiten die Projektarbeiter ausschließlich in einer "Task Force" bis zur Bewältigung der gestellten Aufgabe. Bei der sog. Matrix-Projektorganisation arbeitet nur ein Teil der Mitglieder in einer dauerhaften Projektgruppe, während weitere Mitarbeiter in ihren normalen Organisationseinheiten verbleiben und nur teilweise zur Projektaufgabe abgestellt werden.
Risikopolitik	Unternehmen betreiben Risikopolitik, um die Verlustgefahr, die mit jeder wirtschaftlichen Betätigung verbunden ist, zu minimieren. Möglichkeiten der Einschränkung oder Verteilung dieses betrieblichen Risikos bestehen z.B. in Unternehmungszusammenschlüssen, in der Wahl risikoverteilender Rechtsformen (Haftungsbeschränkung), Marktforschung, Selbst- und Fremdversicherung etc..

Regionalorganisation	Organisationsmodell, das zunächst nach unterschiedlichen regionalen Märkten differenziert ist und dessen organisatorische Bereiche selbst wiederum nach dem Verrichtungs- oder Produktspartenprinzip unterteilt werden. Mit der Regionalorganisation von i.d.R. international tätigen Unternehmen soll Besonderheiten der Beschaffungs- und Absatzmärkte sowie der Fertigungsbedingungen Rechnung getragen werden.
Situationsansätze	s. *Kontingenztheorie*
Sozio-ökonomische Faktoren	Sozio-ökonomische Faktoren stellen die Einflüsse dar, die von der Gesellschaft auf die Wirtschaft einwirken, z.B. bei der Frage, inwieweit das Unternehmerbild in der Öffentlichkeit das Selbstverständnis der Unternehmer beeinflußt.
Spartenorganisation (divisionale Organisation)	Organisationsmodell, das auf die herzustellenden und abzusetzenden Produkte als dem dominierenden Differenzierungskriterium ausgerichtet ist. Damit kommt eine Dezentralisierung der Steuerung zum Tragen, da die einzelnen Produktsparten als eigenständige Geschäftsbereiche angesehen werden und der jeweilige Beitrag zum Gesamterfolg des Unternehmens getrennt ermittelt wird.
Stab-Linien-Organisation	Eine Stab-Linien-Organisation entsteht durch Angliederung von Stäben zur Beratung und Unterstützung der funktional ausgerichteten Instanzen. Dabei beinhaltet die Stabskonzeption i.d.R. eine Spezialisierung der Leitungsfunktion der Linie, z.B. Rechtsabteilung, betriebswirtschaftliches Controlling.
Strategische Planung	Strategische Planung ist das systematische und rationale Durchdenken des zukünftigen Unternehmensgeschehens zum gegenwärtigen Zeitpunkt vor dem Hintergrund bestimmter Ziele. Die strategische Planung ist langfristig angelegt (i.d.R. auf drei oder mehr Jahre) und bildet den Rahmen für die kurzfristige d.h. operative (Maßnahmen-)Planung.
Systemtheoretischer Ansatz in der Organisationstheorie	Die Systemtheorie geht allgemein der Frage nach, welche Funktionen zur Erhaltung eines Systems bzw. Subsystemes erforderlich sind. Speziell auf Organisationen bezogen werden Systeme der Organisation und Führung danach beurteilt, inwieweit sie funktionale Äquivalente zur Zielerreichung beitragen. Im Zuge der neueren Theorien zu selbstreferentiellen Systemen werden auch in der Organisationstheorie Prozesse der Selbstorganisation thematisiert. Selbstorganisation bedeutet hierbei die Fähigkeit von Organisationsmitgliedern, durch Selbstbeobachtung die jeweiligen Systemgrenzen zur Umwelt selbst bestimmen zu können.
Unternehmensethik	s. *Wirtschafts- und Unternehmensethik*

Unternehmenskultur	System gemeinsam geteilter Werte, Normen, Einstellungen, Überzeugungen und Ideale aller Unternehmensmitglieder, welches das Selbstverständnis und die Eigendefinition eines Unternehmens prägt. Unternehmenskultur wird primär unbewußt und aufgrund selbstverständlicher Annahmen, welchen das alltägliche Handeln zugrunde liegt, gelebt.
Unternehmensphilosophie	Normatives Fundament unternehmerischen Handelns. Im Gegensatz zur → *Unternehmenskultur* erfaßt die Unternehmensphilosophie auch solche Bereiche, die die Stellung des Unternehmens in der Gesellschaft betreffen. Damit geht der Bezugsrahmen der Unternehmensphilosophie weit über die rein betriebs- und leistungswirtschaftliche Aufgabenstellung des Unternehmens hinaus. Eine tragfähige Unternehmensphilosophie beschäftigt sich vornehmlich mit der Frage: Was ist unser Unternehmen und was sollte es sein?
Unternehmenspolitik	Unternehmenspolitik umfaßt die Grundsatzentscheidungen in einem Unternehmen und legt die wesentlichsten anzustrebenden Ziele fest. Die in der Unternehmenspolitik konkretisierten Vorstellungen der Unternehmensleitung gelten langfristig und stellen somit keine direkten Führungsanweisungen für verschiedene Aufgabenbereiche dar. Das unternehmenspolitische Konzept bildet den Rahmen für eine erfolgreiche Unternehmensführung und soll deren Kontinuität sicherstellen.
Unternehmensverfassung	Rechtlicher Rahmen zur Regelung der Auseinandersetzung der in einem Unternehmen vorhandenen Interessen. Die Unternehmensverfassung kanalisiert die im Rahmen einer Konfliktlösung ablaufenden Prozesse und soll so überflüssige Reibungsverluste minimieren. Über diese Koordinationsfunktion hinaus soll sie integrierend wirken, indem sie die verschiedenen Interessen und Verhalten im Unternehmen zu einem einheitlichen Handeln und Wirken zusammenführt.
Verhaltensmodifikation	Ein System von Methoden zu einer zielgerichteten, planvollen Verhaltensbeeinflussung. Es ist ein Führungsinstrument, das dem Abbau unerwünschten wie dem Aufbau erwünschten Verhaltens in der Arbeitsumwelt der Mitarbeiter dient (→ *kooperative Verhaltensmodifikation*).
Verhaltenstheoretische Ansätze	Diese Konzepte versuchen, in zunehmend differenzierter Beschreibung Führertypen und → *Führungsstile* zu modellieren. Diese Konzepte vernachlässigen aber, daß sich ein Vorgesetzter nicht jedem Mitarbeiter gegenüber in der gleichen Art und Weise verhält (→ *Vertical Dyade Linkage System*).

172

Verrichtungsorganisation *(funktionale Organisation)*	Organisationsmodell mit funktionalem Differenzierungskriterium, nämlich der Verrichtungsabfolge bei Prozessen der betrieblichen Leistungserstellung und -verwertung (Beschaffung - Produktion - Absatz).
Vertical Dyade Linkage *System*	Das Geflecht höchst individueller Beziehungen und Verhaltensmuster zwischen Vorgesetzten und jedem/jeder einzelnen Mitarbeiter(in). Gegenposition zu den → *Führungsstil*konzepten.
Wirtschafts- und Unternehmensethik	Wirtschafts- und Unternehmensethik sieht ihre Aufgabe darin, einerseits das marktwirtschaftliche und wirtschaftspolitische Handeln auf der Makroebene (Volkswirtschaft → Wirtschaftsethik), andererseits das betriebswirtschaftliche und unternehmerische Handeln auf der Mesoebene (Unternehmung → Unternehmensethik) ethischen Fragestellungen zu unterwerfen.

Autorenprofile

Eduard Gabele

o. Univ.-Prof., Dipl.-Kfm.j, Dr. rer. pol.; Steuerberater; Jahrgang 1941; achtjährige praktische Tätigkeit in Steuerberatung und Privatwirtschaft (1957-1965); Studium der Betriebswirtschaftslehre an der Universität Mannheim (WH) (1969 Diplomprüfung für Kaufleute); 1970-1972 Wissenschaftlicher Mitarbeiter am Lehrstuhl für Betriebswirtschaftslehre und Organisation I der Universität Mannheim (WH) (1972 Promotion); 1972- 1980 Wissenschaftlicher Assistent und Privatdozent an den Universitäten Mannheim und München (1979 Habilitation); seit 1980 Inhaber des Lehrstuhls für Betriebswirtschaftslehre, insb. Unternehmensplanung und Managementinformatik an der Otto-Friedrich-Universität Bamberg; seit 1991 Gründungsdekan der Fakultät Wirtschaftswissenschaften an der technischen Universität Dresden; Träger des Deutschen Hochschulsoftwarepreises 1990.

Ausgewählte Schriften: Die Entwicklung komplexer Systeme 1972; Betriebswirtschaftliche Logistik - Systeme, Entscheidungen, Methoden 1973; Werte von Führungskräften der deutschen Wirtschaft (mit Kirsch und Treffert), 1977; Führungsgrundsätze und Führungsmodelle (mit Oechsler und Liebel), 2. Auflage 1984; Unternehmensgrundsätze (mit Kretschmer), 1986; Strategic Orientations of Small European Businesses (mit Bamberger u.a.), 1990; Immobilien-Leasing (mit Dannenberg und Kroll), 1991; Kommunikation in Rechnernetzen (mit Kroll und Kreft), 1991.

Forschungsschwerpunkte: Organisatorische Gestaltung von Management-, Informations- und Entscheidungssystemen; Unternehmensgrundsätze und ihre Bedeutung für strategische Entscheidungen; Mikrocomputergestützte Planungsinstrumente; Computer Based Training; Einsatz von Planungssprachen in der Unternehmensplanung.

Vor Drucklegung ist Prof. Dr. Eduard Gabele auf einer Dienstfahrt nach Dresden im Januar 1992 tödlich verunglückt.

Hermann J. Liebel

Univ.-Prof., Dipl.-Psych.; Jahrgang 1945; 1965-1970 Studium der Psychologie, Philosophie und Soziologie an den Universitäten Basel/Schweiz und Freiburg i.Br. (Diplom Psychologie); 1972 Promotion zum Dr. phil.; 1978 Habilitation an der Universität Freiburg i.Br.; seit 1978 Professor für Organisations- und Sozialpsychologie an der Otto-Friedrich-Universität Bamberg; Direktor der Organisationspsychologischen Forschungs- und Beratungsstelle des Arbeitskreises für Wirtschaft und Verwaltung an der Universität Bamberg e.V.

Ausgewählte Buchveröffentlichungen: Forensische Psychologie, 1975; Führungspsychologie, 1978; Organisationspsychologische Beratung (mit Ziegler), 1983; Führungsgrundsätze und Führungsmodelle (mit Gabele und Oechsler), 2. Auflage 1984; Psychologisches Grundwissen für pädagogische Berufe (mit Ziegler), 1984; Das Anforderungsprofil des Transportunternehmers (mit Kolb und Oehmichen), 1987; Personalbeurteilung (mit Oechsler), 2. Auflage 1992.

Forschungsschwerpunkte: Organisations- und Sozialpsychologie mit den drei Schwerpunkten "Personalforschung" in Wirtschaft und Verwaltung (Personalmarketing, Personalentwicklung, Vorgesetzten-Mitarbeiter-Beziehung), Psychologie des "Straßenverkehrs" und "Kriminalpsychologie" insbesondere im Hinblick auf wirtschaftskriminelle Delinquenz.

Walter A. Oechsler

o. Univ.-Prof., Dipl.-Kfm., Dr. rer. pol.; Jahrgang 1947; Studium der Betriebswirtschaftslehre an der Ludwig-Maximilian-Universität München (1970 Diplomprüfung für Kaufleute); 1971-1975 Wissenschaftlicher Mitarbeiter am Wirtschafts- und Sozialwissenschaftlichen Fachbereich der Universität Augsburg (1974 Promotion); 1976-1979 Assistent und Privatdozent am Institut für Betriebswirtschaftslehre an der Universität Hohenheim/Stuttgart (1979 Habilitation); 1980 Vertretung einer Professur für Verwaltungslehre (Personal und Organisation) an der Universität der Bundeswehr in Hamburg; seit 1980 Inhaber des Lehrstuhls für Betriebswirtschaftslehre, insb. Personalwirtschaft an der Otto-Friedrich-Universität Bamberg; Studienjahr 1988/89 Visiting Professor of German and European Studies an der University of Toronto/Canada; seit 1991 Vizepräsident der Universität Bamberg.

Ausgewählte Buchveröffentlichungen: Personalmanagement I und II (mit Macharzina), 1977; Konfliktmanagement, 1979; Zweckbestimmung und Ressourceneinsatz öffentlicher Betriebe, 1982; Führungsgrundsätze und Führungsmodelle (mit Gabele und Liebel), 2. Aufl. 1984; Anforderungen an den öffentlichen Dienst von morgen (mit König), 1987; Die Einigungsstelle als Konfliktlösungsmechanismus (mit Schönfeld), 1989; Deutsch-Ungarische Gemeinschaftsunternehmen, 1989; Personal und Arbeit, 4. Aufl. 1992; Personalbeurteilung (mit Liebel), 2. Auflage 1992.

Forschungsschwerpunkte: Organisationslehre und Personalwirtschaft; internationale Mitbestimmungsforschung; Personalführung und -entwicklung; öffentliche Betriebswirtschaftslehre.

GABLER-Literatur zu Führung und Personalmanagement (Auswahl)

Werner G. Faix / Christa Buchwald /
Rainer Wetzler
Skill-Management
Qualifikationsplanung für
Unternehmen und Mitarbeiter
1991, 144 Seiten, 58,— DM

Werner G. Faix / Angelika Laier
Soziale Kompetenz
Das Potential zum unternehmerischen
und persönlichen Erfolg
1991, 156 Seiten, 58,— DM

Werner Fauth
**Praktische Personalarbeit
als strategische Aufgabe**
Grundlagen, Konzepte, Checklisten
1991, 272 Seiten, 68,— DM

Peter Heintel / Ewald E. Krainz
Projektmanagement
Eine Antwort auf die Hierarchiekrise?
2. Auflage 1990, X, 254 Seiten,
69,80 DM

Jens-Martin Jacobi
**13 Leitbilder
des Managers von morgen**
Stärken, Potential, persönliche
Ausstrahlung
1989, 149 Seiten, 42,— DM

Manfred F. R. Kets de Vries
Chef-Typen
Zwischen Charisma und Chaos, Erfolg
und Versagen
1990, 204 Seiten, 58,— DM

Baldur Kirchner
Dialektik und Ethik
Besser führen mit Fairneß und
Vertrauen
1991, 232 Seiten, 48,— DM

Hermann J. Liebel / Walter A. Oechsler
Personalbeurteilung
Neue Wege zur Bewertung von Leistung, Verhalten und Potential
1992, 208 Seiten, 58,— DM

Heinz Lindholz
Wie Chefs Konflikte meistern
Verfahren und Übungen für Klein- und
Mittelbetriebe
1990, 148 Seiten, 49,80 DM

Walter Maier / Werner Fröhlich (Hrsg.)
**Personalmanagement
in der Praxis**
Konzepte für die 90er Jahre
1991, 224 Seiten, 58,— DM

Harald Meier
Personalentwicklung
Konzept, Leitfaden und Checklisten für
Klein- und Mittelbetriebe
1991, 246 Seiten, 98,— DM

Adrian P. Menz
Menschen führen Menschen
Unterwegs zu einem humanen
Management
1989, 232 Seiten, 68,— DM

GABLER

BETRIEBSWIRTSCHAFTLICHER VERLAG DR. TH. GABLER, TAUNUSSTRASSE 54, 6200 WIESBADEN

GABLER-Literatur zu Führung und Personalmanagement (Auswahl)

André Papmehl / Ian Walsh (Hrsg.)
Personalentwicklung im Wandel
1991, 314 Seiten, 76,— DM

Hans-Christian Riekhof (Hrsg.)
Strategien der Personalentwicklung
3. Auflage 1992, 488 Seiten, 98,— DM

Manfred R. A. Rüdenauer
Ökologisch führen
Evolutionäres Wachstum durch ganzheitliche Führung
1991, 320 Seiten, 68,— DM

Wolfgang Saaman
Effizient führen
Mitarbeiter erfolgreich machen
1990, 193 Seiten, 68,— DM

Thomas Sattelberger (Hrsg.)
Innovative Personalentwicklung
Grundlagen, Konzepte, Erfahrungen
2. Auflage 1991, 344 Seiten, 86,— DM

Thomas Sattelberger (Hrsg.)
Die lernende Organisation
Konzepte für eine neue Qualität der Unternehmensentwicklung
1991, 274 Seiten, 78,— DM

Dieter Schulz / Wolfgang Fritz / Dana Schuppert / Lothar J. Seiwert
Outplacement
Personalfreisetzung und Karrierestrategie
1989, 180 Seiten, 64,— DM

Gerhard Schwarz
Konfliktmanagement
Sechs Grundmodelle der Konfliktlösung
1990, 191 Seiten, 68,— DM

Ralf Selbach / Karl-Klaus Pullig (Hrsg.)
Handbuch Mitarbeiterbeurteilung
1992, 604 Seiten, 248,— DM

Hans Strutz (Hrsg.)
Handbuch Personalmarketing
1989, 708 Seiten, 248,— DM

Hans Strutz (Hrsg.)
Strategien des Personalmarketing
1992, 308 Seiten, 98,— DM

Zu beziehen über den Buchhandel oder den Verlag.

Stand der Angaben und Preise:
1.4.1992
Änderungen vorbehalten.

GABLER
BETRIEBSWIRTSCHAFTLICHER VERLAG DR. TH. GABLER, TAUNUSSTRASSE 54, 6200 WIESBADEN

If you have any concerns about our products,
you can contact us on
ProductSafety@springernature.com

In case Publisher is established outside the EU,
the EU authorized representative is:
Springer Nature Customer Service Center GmbH
Europaplatz 3, 69115 Heidelberg, Germany

Printed by Libri Plureos GmbH
in Hamburg, Germany